成本会计实务项目训练

（第4版）

主　编　崔红敏　徐洪梅
副主编　孙艳华　张晓琴
　　　　范雅玲　方　岚

北京理工大学出版社
BEIJING INSTITUTE OF TECHNOLOGY PRESS

内 容 简 介

本书是以《教育部关于全面提高高等职业教育教学质量的若干意见》（教高〔2006〕16号）为指导，以财政部新颁布的《企业会计准则》及其应用指南为依据，围绕会计工作任务选择课程内容，按照"理论和实践同步，教学做一体化"的教学模式进行编写的。

本书以企业成本会计工作为主线，强调实用性和针对性，注重提高学习者的操作能力。教材分三大模块，6个教学项目，20个工作任务。每个教学项目都提出了具体的知识目标、能力目标和品德素养目标，均有案例导入，在项目中设计了"提示""知识拓展""问题与思考""德育小栏目"特色段落，有的项目中还设有"阅读资料""知识归纳"等内容。每个项目后均附有项目练习，为该项目的教学和自学提供了方便。

本书配有《成本会计实务项目训练》，该书内容主要包括成本会计实务分项目训练、综合训练、理论模拟试题、参考答案四部分。

本书可作为高职高专院校会计和相关专业项目化教学教材，也可作为会计相关从业人员工作的参考用书。

版权专有　侵权必究

图书在版编目（CIP）数据

成本会计实务：含项目训练/崔红敏，徐洪梅主编. —4版. —北京：北京理工大学出版社，2018.8（2024.1重印）

ISBN 978-7-5682-5440-3

Ⅰ. ①成… Ⅱ. ①崔… ②徐… Ⅲ. ①成本会计-会计实务-高等职业教育-教材 Ⅳ. ①F234.2

中国版本图书馆CIP数据核字（2018）第059263号

出版发行 / 北京理工大学出版社有限责任公司
社　　址 / 北京市海淀区中关村南大街5号
邮　　编 / 100081
电　　话 / （010）68914775（总编室）
　　　　　（010）82562903（教材售后服务热线）
　　　　　（010）68944723（其他图书服务热线）
网　　址 / http：//www.bitpress.com.cn
经　　销 / 全国各地新华书店
印　　刷 / 三河市天利华印刷装订有限公司
开　　本 / 787毫米×1092毫米　1/16
印　　张 / 25.5　　　　　　　　　　　　　　责任编辑 / 李玉昌
字　　数 / 600千字　　　　　　　　　　　　文案编辑 / 李玉昌
版　　次 / 2018年8月第4版　2024年1月第10次印刷　责任校对 / 周瑞红
定　　价 / 55.00元（含主教材）　　　　　　　责任印制 / 施胜娟

图书出现印装质量问题，请拨打售后服务热线，本社负责调换

前　言

为了培养高职高专应用型成本会计人才，加强成本会计实践性教学，满足各财经类院校成本会计实训教学的需要，编者以企业会计准则为依据，以制造业成本会计工作为主线，以实用为主旨，编写了本书。

本书在内容上体现了高等职业教育改革的最新要求，内容贴近生产实际，以制造业企业实际发生的经济活动为训练资料，力求做到训练资料准确、规范，训练项目设计科学、完善，训练内容具有一定的启发性、应用性、职业性、开放性、综合性，并将实际业务操作训练与职业能力培养相结合，提高成本会计教学的质量，以利于培养新型成本会计人才。

本书由唐山职业技术学院崔红敏、徐洪梅任主编，负责对全书进行修改总纂；孙艳华、张晓琴、范雅玲和方岚任副主编；郭洪海（唐山大众会计师事务所副所长）任主审。具体编写分工如下：崔红敏编写项目1、项目6；徐洪梅编写项目2、项目3以及理论模拟试题；张晓琴编写项目4；范雅玲编写项目5；孙艳华编写综合训练；方岚负责后期修订和在线课程录制。

本书作为《成本会计实务（第4版）》的辅助教材，既可与《成本会计实务（第4版）》配套使用，也可独立使用。

本书在编写过程中，参考了有关专家、学者编写的教材和专著，并从中汲取了丰富的知识和内容，这些文献对本书的编写起到了很大的作用，在此表示衷心的感谢。

由于时间仓促，再加上编者水平有限，书中难免存在疏漏或不妥之处，恳请广大读者在使用过程中提出宝贵意见并及时反馈给我们，以便修订时完善。

编　者

目 录

第一部分　分项目训练 ·· 001
　项目1　熟悉成本会计基础知识 ·· 001
　项目2　核算要素费用 ··· 002
　项目3　分配生产费用 ··· 012
　项目4　计算产品成本的方法 ·· 018
　项目5　编制和分析成本报表 ·· 037
　项目6　核算其他行业成本 ··· 046

第二部分　综合训练 ·· 050
　训练1　产品成本计算的品种法 ··· 050
　训练2　产品成本计算的分步法 ··· 057
　训练3　产品成本计算的分批法 ··· 071

第三部分　理论模拟试题 ·· 074
　试卷1 ··· 074
　试卷2 ··· 078

第四部分　参考答案 ·· 083
　分项目训练参考答案 ··· 083
　综合训练参考答案 ·· 123
　理论模拟试题参考答案 ·· 143

第一部分

分项目训练

项目1 熟悉成本会计基础知识

一、能力目标

通过本项目实训,使学生能够理清成本会计岗位承担的职责,能根据国家的各种成本会计法规,结合本企业的管理需要和生产经营特点,具体制定企业内部成本会计制度,以规范本企业的成本会计工作;能正确划分支出、费用、成本项目,分清生产企业费用要素内容以及产品成本构成项目;能运用成本核算的基本账户解决实际问题;具备从事成本会计工作的职业素质和能力。

二、实训成果

(1) 认真阅读案例资料,确定生产费用和期间费用。
(2) 根据资料,确定要素费用和产品成本。
(3) 制定一个具体企业的成本会计制度,条理清楚,语句通顺。

三、任务描述

(1) 完成生产费用和期间费用的计算。
(2) 完成要素费用和产品成本的划分,并且完成各个费用要素和产品成本的计算。
(3) 根据国家的各种成本会计法规,结合本企业情况,制定出企业成本会计制度。

四、项目训练

(1) 张丹和林琳大学毕业以后,合伙开办了一家玩具厂,专门生产玩具。根据需要,他们选定了厂址后,购置了一批新型的生产设备,招聘了30多名技术工人和管理人员。假设他们聘请你作为成本核算员,负责企业的成本核算工作,现在需要你为企业制定成本会计制度,你该如何设计?

（2）一生产儿童三轮车的小厂，本月为生产产品发生了下列支出。

钢管：	50 000元	油漆：	1 000元
橡胶轮胎：	10 000元	其他配件：	2 000元
车间用电：	2 000元	厂部用电：	1 000元
工人工资：	20 000元	机器修理：	500元
设备租金：	2 000元	合计：	98 500元
生产设备折旧：	2 000元		
厂部管理人员工资：	8 000元		

要求：根据资料确定各项要素费用合计；确定产品成本中各个成本项目的金额、产品成本总额以及期间费用金额。

项目2　核算要素费用

一、能力目标

通过本项目实训，使学生能对产品成本构成各要素费用进行归集与分配核算，能根据分配结果编制各项费用分配表；通过操作掌握各要素费用的分配方法与核算技能，为后续项目内容的学习打下坚实的基础。

二、实训成果

（1）根据案例资料，按要求对各要素费用进行分配。
（2）根据各要素费用分配结果编制费用分配表，并做出会计分录。
（3）理解辅助生产费用各种分配方法的特点及使用范围。

三、任务描述

（1）对各要素费用进行归集与分配。
（2）根据分配结果编制生产费用要素分配表。
（3）进行会计处理。

四、项目训练

1. 练习直接材料费用的分配

资料：长城公司20××年7月生产甲、乙两种产品，共同耗用A种原材料5 720千克。

该材料实际单价为 8 元/千克；本月甲、乙产品投产量分别为 400 件和 200 件，甲、乙两种产品材料消耗定额分别为 10 千克和 6 千克。

要求：根据材料定额消耗量的比例，分配甲、乙两种产品应负担的原材料费用。

2. 练习材料费用的分配（一）

资料：新月公司 20××年 9 月各车间、部门原材料领用情况汇总表如表 2-1 所示。

表 2-1 原材料领用情况汇总表

20××年 9 月　　　　　　　　　　　　　　　　　　　单位：元

领料部门	用　途	金　额
基本生产车间	生产丙产品领用	31 000
	生产丁产品领用	12 800
	丙、丁产品共同耗用	42 000
	一般耗用	2 600
企业管理部门领用	一般耗用	2 800
供电车间	生产耗用	2 500
供水车间	生产耗用	2 000

该企业本月投产丙产品 500 件，单位产品材料消耗定额为 1.2 千克；投产丁产品 300 件，单位产品材料消耗定额为 1.5 千克。

要求：按材料定额耗用量比例分配丙、丁产品共同耗用的材料费用，并根据计算分配资料编制原材料费用分配表，如表 2-2 所示。

表 2-2 原材料费用分配表

20××年 9 月　　　　　　　　　　　　　　　　　　金额单位：元

应借账户		成本项目或费用项目	直接计入	分配计入			合计
				定额耗用（千克）	分配率	分配额	
生产成本——基本生产成本	丙产品	直接材料					
	丁产品	直接材料					
	小　计						
生产成本——辅助生产成本	供电车间	直接材料					
	供水车间	直接材料					
	小　计						
制造费用	基本生产	物料消耗					
管理费用		物料消耗					
合　计							

3. 练习材料费用的分配（二）

资料：万达公司基本生产车间生产产品共同领用材料 3 024 千克，每千克 50 元，成本共计 151 200 元，生产 A、B 产品分别为 80 件、100 件。A 产品的材料消耗定额为 20 千克，B 产品的材料消耗定额为 12 千克；生产 A 产品直接领用材料 23 000 元，生产 B 产品直接领用材料 36 000 元，辅助生产车间领用材料 5 300 元，生产车间一般耗用材料 2 800 元，行政管理部门领用材料 2 000 元。

要求：

（1）计算 A、B 产品各应分配的材料成本。

（2）编制原材料费用分配表，如表 2-3 所示，并编制耗用材料的会计分录。

表 2-3 原材料费用分配表

20××年×月　　　　　　　　　　　　　　　金额单位：元

应借账户		成本项目或费用项目	直接计入	分配计入			合计
				定额耗用（千克）	分配率	分配额	
生产成本——基本生产成本	A 产品	直接材料					
	B 产品	直接材料					
	小　计						
生产成本——辅助生产成本		直接材料					
制造费用	基本生产车间	物料消耗					
管理费用		物料消耗					
合　计							

4. 练习燃料费用的分配

资料：某企业生产 101#、102# 两种产品，共同消耗燃料费用 12 000 元，101#、102# 两种产品的材料定额耗用量分别为 300 千克和 200 千克。

要求：按燃料定额耗用量比例分配计算两种产品各应负担的燃料费用，并编制会计分录。

5. 练习外购动力费的分配

资料：某企业6月份耗电情况如下：基本生产车间生产产品用电8 500千瓦·时，照明用电600千瓦·时；辅助生产车间用电2 300千瓦·时；行政管理部门用电1 500千瓦·时。每千瓦·时电0.86元。基本生产车间生产101#、102#两种产品，生产工时分别为1 500工时和2 500工时。

要求：

(1) 按产品生产工时比例分配101#和102#两种产品共同耗用的动力费。

(2) 编制外购动力费分配表，如表2-4所示，并编制会计分录。

表2-4 外购动力费分配表

20××年6月　　　　　　　　　　　　　　　　　金额单位：元

应借账户		成本项目或费用项目	耗用电量分配			电费单价[元/(千瓦·时)]	分配金额
			生产工时（工时）	分配率	分配电量（千瓦·时）		
生产成本——基本生产成本	101#产品	燃料及动力					
	102#产品	燃料及动力					
	小计						
生产成本——辅助生产成本		燃料及动力					
制造费用	基本生产车间	电费					
管理费用							
合　计							

6. 练习直接人工费用的分配

资料：某企业生产101#、102#两种产品，共发生工资费用76 000元，其中生产工人工资53 000元，车间管理人员工资7 500元，行政管理人员工资10 000元，辅助生产车间工人工资5 500元。生产101#、102#两种产品的生产工时分别为1 500工时和2 500工时。

要求：按生产工时比例法分配生产工人工资费用，编制职工薪酬（工资）费用分配表，如表2-5所示，并编制会计分录。

表2-5 职工薪酬（工资）费用分配表

金额单位：元

应借账户		产品成本或费用项目	生产工时（工时）	分配率（元/工时）	应分配工资费用
生产成本——基本生产成本	101#产品	直接人工			
	102#产品	直接人工			
	小计				
生产成本——辅助生产成本		直接人工			
制造费用		基本生产车间 工资费用			
管理费用		工资费用			
合　计					

7. 练习辅助生产费用的分配（一）

资料：某企业有运输和供热两个辅助生产车间，运输车间的成本按运输里程比例分配，供热车间的成本按提供热能比例分配。该企业20××年3月有关辅助生产成本资料如下：运输车间本月共发生成本27 500元，提供运输劳务5 500吨·千米；供热车间本月共发生成本78 000元，提供劳务4 000工时。两个辅助生产车间提供劳务及企业各单位受益情况如表2-6所示。

表2-6 辅助生产车间提供劳务量汇总表

20××年3月

提供劳务的辅助生产车间	劳务计量单位	提供劳务总量	各受益单位接受劳务量			
			辅助生产车间		基本生产车间	行政管理部门
			运输车间	供热车间		
运输车间	吨·千米	5 500		500	2 600	2 400
供热车间	立方	4 000	800		2 000	1 200

要求：

（1）根据资料，采用直接分配法分配辅助生产成本，并编制辅助生产费用分配表（直接分配法），如表2-7所示，据以编制会计分录。

（2）根据资料，采用交互分配法分配辅助生产成本，并编制辅助生产费用分配表（交互分配法），如表 2-8 所示，据以编制会计分录。

（3）根据资料，采用顺序分配法分配辅助生产成本，并编制辅助生产费用分配表（顺序分配法），如表 2-9 所示，据以编制会计分录。

计算过程：

（1）直接分配法。

表 2-7 辅助生产费用分配表（直接分配法）

20××年 3 月　　　　　　　　　　　　　　　　金额单位：元

项目 \ 数量及金额 \ 辅助车间			运输车间	供热车间	合　计
待分配的辅助生产费用					
提供给辅助车间以外的劳务量					
费用分配率					
受益单位	基本生产车间	受益数量			
		应分配费用			
	行政管理部门	受益数量			
		应分配费用			
分配金额合计					

（2）交互分配法。

表 2-8 辅助生产费用分配表（交互分配法）

20××年 3 月　　　　　　　　　　　　　　　　金额单位：元

项　　目	交互分配		对外分配		
辅助生产车间名称	运输	供热	运输	供热	合计
待分配辅助生产费用					
提供劳务总量					
费用分配率					

续表

项　目			交互分配		对外分配	
各受益单位及部门	辅助生产部门	运输车间	受益数量			
			应分配金额			
		供热车间	受益数量			
			应分配金额			
	基本生产车间		受益数量			
			应分配金额			
	行政管理部门		受益数量			
			应分配金额			
	对外分配金额合计					

(3) 顺序分配法。

表 2-9　辅助生产费用分配表（顺序分配法）

20××年 3 月　　　　　　　　　　　　　　　　金额单位：元

项　目			供热车间	运输车间	合计
提供劳务总量					
可直接分配的辅助费用					
辅助生产车间	供热车间	提供劳务量			
		待分配费用			
		分配率			
	运输车间	提供劳务量			
		待分配费用			
		分配率			
受益单位	运输车间	耗用数量			
		分配金额			
	基本生产车间	耗用数量			
		分配金额			
	行政管理部门	耗用数量			
		分配金额			
合　计					

8. 练习辅助生产费用的分配（二）

资料：某企业有供水和供电两个辅助生产车间。5月份供水车间供水9 000吨，全月共发生的生产费用为21 000元，每吨水计划单位成本3.3元；供电车间供电40 000千瓦·时，全月发生的生产费用为24 800元，每千瓦·时电计划单位成本0.70元。水、电均为一般耗用。本月辅助生产车间提供劳务及各车间、各部门水电耗用情况如表2-10所示。

表2-10　辅助车间提供劳务及各车间、各部门水电耗用情况表

提供劳务的辅助生产车间	劳务计量单位	提供劳务总量	各受益单位接受劳务量			
			辅助生产车间		基本生产车间	行政管理部门
			供水车间	供电车间		
供水车间	吨	9 000		2 000	5 500	1 500
供电车间	千瓦·时	40 000	4 000		30 000	6 000

要求：

（1）按计划成本分配法对辅助生产费用进行分配，编制辅助生产费用分配表计划成本分配法，如表2-11所示，并编制会计分录。

（2）按代数分配法对辅助生产费用进行分配，编制辅助生产费用分配表代数分配法，如表2-12所示，并编制会计分录。

计算过程：

（1）计划成本分配法。

表2-11　辅助生产费用分配表（计划成本分配法）

20××年5月　　　　　　　　　　　　　　　金额单位：元

项目			辅助车间	供水车间		供电车间		合计
				劳务量	费用	劳务量	费用	
待分配费用								
计划成本分配		计划单位成本						
	受益单位	辅助生产车间	供水车间					
			供电车间					
			小计					
		基本生产车间						
		行政管理部门						
	按计划成本分配合计							
辅助生产实际成本								

续表

<table>
<tr><th colspan="2" rowspan="2">项目</th><th rowspan="2">辅助车间</th><th colspan="2">供水车间</th><th colspan="2">供电车间</th><th rowspan="2">合计</th></tr>
<tr><th>劳务量</th><th>费用</th><th>劳务量</th><th>费用</th></tr>
<tr><td rowspan="5">成本差异分配</td><td colspan="2">待分配成本差异</td><td></td><td></td><td></td><td></td><td></td></tr>
<tr><td colspan="2">成本差异分配率</td><td></td><td></td><td></td><td></td><td></td></tr>
<tr><td rowspan="2">受益单位</td><td>基本生产车间</td><td></td><td></td><td></td><td></td><td></td></tr>
<tr><td>行政管理部门</td><td></td><td></td><td></td><td></td><td></td></tr>
<tr><td colspan="2">成本差异分配合计</td><td></td><td></td><td></td><td></td><td></td></tr>
</table>

（2）代数分配法。

表 2-12　辅助生产费用分配表（代数分配法）

20××年5月　　　　　　　　　　　　金额单位：元

<table>
<tr><th colspan="3">项　目</th><th>供水车间</th><th>供电车间</th><th>合计</th></tr>
<tr><td colspan="3">待分配费用</td><td></td><td></td><td></td></tr>
<tr><td colspan="3">提供劳务总量</td><td></td><td></td><td></td></tr>
<tr><td colspan="3">费用分配率（单位成本）</td><td></td><td></td><td></td></tr>
<tr><td rowspan="10">受益单位</td><td rowspan="5">辅助生产车间</td><td></td><td></td><td></td><td></td></tr>
<tr><td>供水车间</td><td>耗用数量</td><td></td><td></td><td></td></tr>
<tr><td>分配金额</td><td></td><td></td><td></td></tr>
<tr><td rowspan="2">供电车间</td><td>耗用数量</td><td></td><td></td><td></td></tr>
<tr><td>分配金额</td><td></td><td></td><td></td></tr>
<tr><td colspan="2">分配金额小计</td><td></td><td></td><td></td></tr>
<tr><td rowspan="2">基本生产车间</td><td>耗用数量</td><td></td><td></td><td></td></tr>
<tr><td>分配金额</td><td></td><td></td><td></td></tr>
<tr><td rowspan="2">行政管理部门</td><td>耗用数量</td><td></td><td></td><td></td></tr>
<tr><td>分配金额</td><td></td><td></td><td></td></tr>
<tr><td colspan="3">分配金额合计</td><td></td><td></td><td></td></tr>
</table>

9. 练习按生产工时比例分配制造费用

资料：某企业基本生产车间生产 A、B 两种产品，该车间共发生制造费用 40 000 元。生产 A 产品生产工时为 4 500 工时，生产 B 产品生产工时为 5 500 工时。

要求：按生产工时比例在 A、B 产品间分配各自应负担的制造费用。

10. 练习按年度计划分配率法分配制造费用

资料：某企业只有一个基本生产车间，全年制造费用计划为 81 780 元，全年各种产品的计划产量为：A 产品 1 500 件，B 产品 1 350 件；单位产品的工时定额分别为：A 产品 4 工时，B 产品 6 工时。7 月份的实际产量为：A 产品 300 件，B 产品 200 件；该月实际制造费用为 5 000 元；"制造费用"账户月初有贷方余额 950 元。

要求：按年度计划分配率法，计算 A、B 产品 7 月份各自应负担的制造费用，并编制会计分录。

11. 练习计算不可修复废品的生产成本

资料：某基本生产车间生产丁产品。本月投产 200 件，完工验收入库时发现合格品 180 件，不合格品 20 件（不可修复），合格品的生产工时为 5 400 工时，废品的生产工时为 600 工时。丁产品生产成本明细账所列示的 200 件产品全部费用分别为：直接材料 50 000 元，直接人工 24 000 元，制造费用 18 000 元，废品残料收回 800 元。

要求：根据资料计算不可修复的废品成本及废品损失，编制不可修复废品损失计算表，如表 2-13 所示，并编制会计分录。

表 2-13 不可修复废品损失计算表

（废品按实际成本计算废品损失）

生产车间：×基本生产车间

产品名称：丁产品　　　　　　　　　　20××年×月×日　　　　　　　　金额单位：元

项　目	产量（件）	直接材料	生产工时（工时）	直接人工	制造费用	成本合计
生产费用						
分配率						
废品成本						
残料收回						
废品损失						

12. 练习可修复废品和不可修复废品成本的计算

资料：某企业 8 月份生产 D 产品 1 500 件，本月完工合格品 1 420 件，发生废品 80 件，其中 30 件可修复，50 件不可修复。为修复可修复废品发生修复费用为：直接材料 1 200 元，直接人工 580 元，制造费用 400 元。不可修复废品 50 件的单位产品材料定额为 30 元，定额工时为 350 工时，每小时费用定额为：直接人工 5 元，制造费用 4 元。不可修复废品的残料估价 1 100 元已入库。

要求：根据资料分别计算可修复废品和不可修复废品的损失，并编制相应的会计分录。

项目 3　分配生产费用

一、能力目标

通过本项目实训，使学生能理解月末在产品成本、本月完工产品成本与月初在产品成本、本月发生生产费用的关系；能认识生产成本在完工产品与月末在产品之间分配的方法，并能运用各种计算分配方法解决问题，为后续项目成本计算方法等内容的学习打下坚实的基础。

二、实训成果

（1）根据案例资料，按要求的方法对生产成本在完工产品与在产品之间分配。
（2）根据案例资料及分配结果编制生产成本分配表（产品成本计算单），并编制会计分录。
（3）归纳总结各种分配方法的特点及使用范围。

三、任务描述

（1）按要求对生产成本在完工产品与在产品之间进行分配。
（2）根据分配结果编制产品成本计算单。
（3）进行会计处理。

四、项目训练

1. 练习在产品成本按所耗材料费用计算

资料：某企业生产 201#产品，月末在产品只计算原材料费用。该产品月初在产品成本为2 400元,本月发生的生产费用分别为:直接材料10 500元,直接人工3 200元,制造费用2 800元。原材料在生产开始一次投入,本月完工产品200件,月末在产品100件。

要求:采用在产品成本按所耗原材料费用计算法,计算月末在产品成本及完工产品成本并编制产品成本计算单,如表3-1所示。

表3-1 产品成本计算单(在产品成本按所耗原材料费用计价法)

产品名称:201#产品　　　　　　　　　　　　　　　　　　　　　　　金额单位:元

项　目	成　本　项　目			
	直接材料	直接人工	制造费用	合　计
月初在产品成本				
本月发生的生产费用				
生产费用合计				
完工产品成本(200件)				
单位成本(元/件)				
月末在产品成本(100件)				

2. 练习计算在产品约当产量

资料:某企业生产乙产品经过两道工序加工完成。乙产品耗用的原材料在生产开始时一次性投入。20××年2月乙产品的有关生产资料如下:乙产品单位工时定额100工时,其中第一道工序40工时,第二道工序60工时,假设各工序内在产品的完工程度均为50%;本月完工产品800件。月末在产品数量为:第一道工序50件,第二道工序100件。

要求:计算乙产品月末在产品加工程度及约当产量,并编制各工序在产品完工程度及在产品的约当产量计算表,如表3-2所示。

表3-2 各工序在产品完工程度及在产品的约当产量计算表

工序	月末在产品数量(件)	工时定额(工时)	完工率(程度)(%)	在产品约当产量(件)
1				
2				
合计				

3. 练习按约当产量法计算在产品成本(一)

资料:某企业生产丙产品经过两道工序加工完成。丙产品所耗原材料费用在生产开始时一次性投入。生产成本在完工产品与在产品之间分配采用约当产量法。20××年10月有关丙产品的生产资料如下。

(1)本月完工产品1 000件。月末在产品数量及完工程度为:第一道工序400件,本工序在产品完工程度相当于完工产品的30%;第二道工序100件,本工序在产品完工程度相当于完工产品的80%。

（2）丙产品生产费用资料如表3-3所示。

表3-3 丙产品生产费用资料   单位：元

摘 要	直接材料	直接人工	制造费用	合计
月初在产品成本	14 500	5 200	5 000	24 700
本月发生的生产费用	50 000	32 000	16 000	98 000
生产费用合计	64 500	37 200	21 000	122 700

要求：

（1）编制本月丙产品各工序在产品约当产量计算表，如表3-4所示。

表3-4 丙产品各工序在产品约当产量计算表

工序	月末在产品数量（件）	完工程度（%）	在产品约当产量（件）
1			
2			
合计			

（2）采用约当产量法分配计算丙产品完工产品与月末在产品的成本，并编制产品成本计算单，如表3-5所示。

表3-5 产品成本计算单（按约当产量法计算在产品成本）

产品名称：丙产品   金额单位：元

项 目	成 本 项 目			
	直接材料	直接人工	制造费用	合 计
月初在产品费用				
本月发生生产费用				
合计				
月末在产品约当产量				
完工产品数量				
约当产量合计				
费用分配率				
完工产品成本				
月末在产品成本				

（3）编制结转完工入库产品的会计分录。

4. 练习按约当产量法计算在产品成本（二）

资料：某企业生产202#产品经过两道工序加工完成。在产品成本按约当产量法计算。20××年9月202#产品有关生产资料如下。

（1）202#产品本月完工1 000件；月末在产品数量为：第一道工序400件，第二道工序200件。

（2）原材料分次在每道工序开始时投入。第一道工序材料消耗定额20千克，第二道工序材料消耗定额为30千克。

（3）202#产品完工产品工时定额为50工时，其中第一道工序为20工时，第二道工序为30工时。每道工序在产品工时定额均为本工序工时定额的50%。

（4）202#产品月初及本月发生的生产费用为：直接材料费用272 000元，直接人工费用18 300元，制造费用24 400元。

要求：

（1）按材料消耗定额计算202#产品各工序在产品的完工率及在产品约当产量。

（2）按工时定额计算202#产品各工序在产品的完工率及在产品约当产量。

（3）将各项生产费用在完工产品与月末在产品之间进行分配，编制产品成本计算单，如表3-6所示。

表3-6　产品成本计算单（按约当产量法计算在产品成本）

产品名称：202#产品　　　　　　　　　　　　　　　　　　　　　　　　　金额单位：元

项　目	成　本　项　目			
	直接材料	直接人工	制造费用	合　计
月初在产品及本月发生费用				
合　计				
月末在产品约当产量				
完工产品数量				
约当产量合计				
费用分配率				
完工产品成本				
月末在产品成本				

5. 练习按定额成本法计算在产品成本

资料：宏业公司生产 103#产品，原材料在生产开始时一次投入，其他费用在生产过程中均衡发生。本月有关成本计算资料表如表 3-7 所示。

表 3-7　103#成本计算资料表

单位：元

摘　　要	直接材料	直接人工	制造费用	合计
月初在产品成本	30 000	1 800	3 600	35 400
本月发生的生产费用	105 000	15 000	30 000	150 000
生产费用合计	135 000	16 800	33 600	185 400

该企业本月完工 103#产品 1 200 件，月末在产品 300 件，直接材料计划单价 2 元，单位产品材料定额 48 千克；单位产品工时定额 2.5 工时；计划每工时费用分配率为：直接人工 5 元，制造费用 10 元。

要求：

（1）计算在产品直接材料定额成本。

（2）计算在产品定额工时。

（3）计算在产品直接人工定额成本和在产品制造费用定额成本，并编制月末在产品定额成本计算表，如表 3-8 所示。

表 3-8　月末在产品定额成本计算表

金额单位：元

项目	在产品数量（件）	定额材料费用	在产品定额工时（工时）	直接人工	制造费用	定额成本合计
定额费用						
合计						

（4）计算完工产品成本并编制产品成本计算单，如表 3-9 所示。

表 3-9 产品成本计算单（在产品按定额成本计价法）

产品名称：103#产品　　　　　　　　　　　　　　　　　　　　　　　　单位：元

项　目	成本项目			
	直接材料	直接人工	制造费用	合计
月初在产品成本				
本月发生的生产费用				
本月生产费用合计				
月末在产品定额成本				
本月完工产品成本				

6. 练习按定额比例法计算在产品成本

资料：隆达公司生产 B 产品，本月完工产品数量 1 280 件，原材料费用定额为每件产品 100 元，工时定额 2 工时；月末在产品数量 320 件，材料费用定额 100 元，工时定额 1 工时。B 产品生产费用资料如表 3-10 所示。

表 3-10 B 产品生产费用资料

单位：元

摘　要	直接材料	直接人工	制造费用	合计
月初在产品成本	32 000	4 000	8 000	44 000
本月发生的生产费用	112 000	17 600	35 200	164 800
生产费用合计	144 000	21 600	43 200	208 800

要求：

（1）计算 B 产品完工产品和月末在产品定额材料费用和定额工时。

（2）分成本项目计算 B 产品完工产品成本与月末在产品成本。

（3）计算 B 产品本月完工产品及月末在产品成本，编制 B 产品成本计算单，如表 3-11 所示。

表 3-11 B 产品成本计算单（定额比例法）

金额单位：元

项目		成本项目			
		直接材料	直接人工	制造费用	合　计
月初在产品成本					
本月发生的生产费用					
生产费用合计					
定额材料费用、定额工时	完工产品				
	月末在产品				
费用分配率					
完工产品成本					
月末在产品成本					

项目 4　计算产品成本的方法

一、能力目标

通过本项目的实训，能够根据企业生产工艺的特点和管理要求合理选用不同的产品成本计算方法；并能够正确运用各种成本计算方法核算产品成本，同时能编制产品成本计算单；另外，在运用逐步综合结转分步法核算成本时，能够对综合成本进行成本还原。

二、实训成果

（1）认真阅读案例资料，对共同发生的各项费用按受益对象进行分配，并按分配结果编制会计分录。

（2）归集和分配辅助生产费用，根据分配结果编制会计分录。

（3）归集和分配制造费用，根据分配结果编制会计分录。

（4）采用约当产量法计算本月完工产品的总成本、单位成本和月末在产品成本，编制基本生产成本明细账，并编制结转完工产品成本的会计分录。

（5）登记基本生产成本二级账和各批次基本生产成本明细账。

（6）完成产品成本还原计算表。

（7）根据半成品入库单及领用半成品情况，编制自制半成品明细账。

三、任务描述

（1）用品种法核算产品成本，编制相应的会计分录。
（2）用一般分批法核算产品成本，并编制相应的产品成本计算单。
（3）用简化分批法核算产品成本，并编制相应的产品成本计算单。
（4）用分步法核算产品成本，并编制相应的产品成本计算单。
（5）能够对综合成本进行成本还原。

四、项目训练

1. 练习产品成本计算方法——品种法

资料：丰华企业大量生产甲、乙两种产品，原材料在生产开始时一次投入，该企业设有一个基本生产车间和供电、锅炉两个辅助生产车间，辅助生产车间的制造费用不通过"制造费用"账户核算，发生时直接计入"生产成本——辅助生产成本"账户。根据生产特点和管理要求，该企业采用品种法计算产品成本。丰华企业20××年4月有关成本计算资料如下。

（1）月初在产品成本。甲产品月初在产品成本44 354元，其中直接材料14 000元，直接人工18 000元，制造费用12 354元；乙产品无在产品。

（2）本月生产情况。甲产品本月实际生产工时60 000工时，本月完工1 200件，月末在产品600件，加工程度为50%；乙产品本月实际生产工时30 000工时，本月完工600件，月末无在产品。

供电车间本月供电45 000千瓦·时，其中锅炉车间用4 500千瓦·时，产品生产用30 000千瓦·时，基本生产车间一般耗用7 500千瓦·时，厂部管理部门消耗3 000千瓦·时。

锅炉车间本月供汽22 500立方米，其中供电车间耗用1 500立方米，产品生产耗用15 000立方米，基本生产车间一般耗用3 000立方米，厂部管理部门消耗3 000立方米。

（3）本月发生生产费用情况。
① 发出材料汇总表如表4-1所示。

表4-1 发出材料汇总表

20××年4月　　　　　　　　　　　　　　　　　　　　单位：元

用　　途	直接领用	共同耗用	合　　计
产品生产直接消耗	90 000	30 000	120 000
甲产品	30 000		30 000
乙产品	60 000		60 000
基本生产车间一般耗用	15 000		15 000
供电车间消耗	750		750

用　　途	直接领用	共同耗用	合　　计
锅炉车间消耗	1 500		1 500
厂部管理部门消耗	900		900
合　　计	108 150	30 000	138 150

② 本月职工工资汇总表如表4-2所示。

表4-2　职工工资汇总表

20××年4月　　　　　　　　　　　　　　　　　　　　　单位：元

人员类别	应付职工工资
生产工人	108 000
供电车间人员	22 500
锅炉车间人员	15 000
基本生产车间人员	18 000
厂部管理人员	34 500
合　　计	198 000

③ 本月计提折旧费情况为：基本生产车间45 000元，锅炉车间1 500元，供电车间15 000元，厂部管理部门13 500元，共计75 000元。

④ 本月用银行存款支付其他费用：基本生产车间水费18 000元，办公费4 500元；锅炉车间水费2 700元，修理费300元；供电车间外购电力和水费7 500元；行政管理部门办公费6 000元，差旅费3 000元，共计42 000元。

要求：

（1）分别设置甲、乙两种产品基本生产成本明细账；供电车间、锅炉车间设置辅助生产成本明细账；基本生产车间设置制造费用明细账；厂内设置管理费用明细账，其他从略。

（2）根据资料进行费用分配和成本计算，编制产品成本计算单，并编制相关会计分录。

① 根据甲、乙产品直接消耗材料比例分配共同耗用的材料费用，根据分配结果编制材料费用分配表，如表4-3所示，并编制会计分录。

分配材料费用（计算过程）：

表4-3　材料费用分配表

20××年4月　　　　　　　　　　　　　　　　　　　　　单位：元

应借账户		成本项目或费用项目	原材料	合计
生产成本——基本生产成本	甲产品	直接材料		
	乙产品	直接材料		
	小　计			

续表

应借账户		成本项目或费用项目	原材料	合计
制造费用	基本生产车间	机物料消耗		
生产成本——辅助生产成本	供电车间	直接材料		
	锅炉车间	直接材料		
管理费用		机物料消耗		
合　计				

② 根据甲、乙产品的实际生产工时，分配生产工人工资，根据分配结果编制职工工资费用分配表，如表4-4所示，并编制会计分录。

分配工资费用（计算过程）：

表 4-4　职工工资费用分配表

20××年4月　　　　　　　　　　　金额单位：元

应借账户			分配标准（生产工时）	分配率	应付工资	合计
总账账户	明细账户	成本或费用项目				
生产成本——基本生产成本	甲产品	直接工资				
	乙产品	直接工资				
	小　计					
生产成本——辅助生产成本	供电车间	职工工资				
	锅炉车间	职工工资				
	小　计					
制造费用	基本生产车间	职工工资				
管理费用	管理部门	职工工资				
合　计						

③ 编制本月计提折旧的会计分录。

④ 编制本月以银行存款支付其他费用的会计分录。

⑤ 归集和分配辅助生产费用（辅助生产费用的分配采用直接分配法，产品生产耗用的辅助生产费用按产品实际生产工时比例进行分配）。根据分配结果编制会计分录，并计入有关账户。

a. 根据各种费用分配情况，分别归集供电、锅炉辅助生产车间的生产费用，登记各辅助车间辅助生产成本明细账，如表 4-5 和表 4-6 所示。

表 4-5　辅助生产成本明细账

车间名称：供电车间　　　　　　　　　　　　　　　　　　　　　　　　　单位：元

20××年		摘　　要	材料费	职工工资	折旧费	水费及其他	合计
月	日						
4	30	材料费用分配表					
	30	工资费用分配表					
	30	折旧费用					
	30	用银行存款支付费用					
	30	合计					
		本月转出额					

表 4-6　辅助生产成本明细账

车间名称：锅炉车间　　　　　　　　　　　　　　　　　　　　　　　　　单位：元

20××年		摘　　要	材料费	职工工资	折旧费	水费及其他	合计
月	日						
4	30	材料费用分配表					
	30	工资费用分配表					
	30	折旧费用					
	30	用银行存款支付费用					
	30	合计					
		本月转出额					

b. 根据辅助生产成本明细账及供电、锅炉辅助生产车间提供劳务情况，用直接分配法分配辅助生产费用，编制辅助生产费用分配表，如表 4-7 所示，并编制会计分录。

计算过程：

表 4-7 辅助生产费用分配表

20××年 4 月　　　　　　　　　　　　　　金额单位：元

项　目		供电车间	锅炉车间	合　计
待分配辅助生产费用				
供应辅助生产以外的劳务数量				
分配率				
产品生产	耗用数量			
	分配金额			
基本生产车间	耗用数量			
	分配金额			
厂部管理部门	耗用数量			
	分配金额			

⑥ 归集和分配制造费用（按生产工时分配），根据分配结果编制会计分录，并计入有关账户。

a. 归集制造费用，登记制造费用明细账，如表 4-8 所示。

表 4-8 制造费用明细账

车间名称：基本生产车间　　　　　　20××年 4 月　　　　　　　　　　　单位：元

20××年		摘　要	材料费	职工工资	折旧费	水费及其他	电费及蒸汽费	合计
月	日							
4	30	材料费用分配表						
	30	工资费用分配表						
	30	折旧费用						
	30	用银行存款支付费用						
	30	辅助生产费用分配表						
	30	合计						
	30	转出						

b. 根据制造费用明细账及生产工时资料分配制造费用，编制制造费用分配表，如表 4-9 所示，并编制会计分录。

表 4-9 制造费用分配表

车间名称：基本生产车间　　　　　　　　20××年 4 月　　　　　　　　金额单位：元

应借账户		分配标准（生产工时）	分配率	应分配金额
总账账户	明细账户			
生产成本——基本生产成本	甲产品			
	乙产品			
合　计				

⑦ 归集产品生产费用，登记基本生产成本明细账，如表 4-10 和表 4-11 所示。采用约当产量法计算甲产品月末在产品成本，编制甲、乙产品成本计算单，并编制结转完工甲、乙产品成本的会计分录。

表 4-10　基本生产成本明细账

产品名称：甲产品　　　　　　完工产品数量：1 200 件　　　　　月末在产品数量：600 件
　　　　　　　　　　　　　　　　　　　　　　　　　　　　　　　　　金额单位：元

20××年		摘　　要	成本项目				合计
月	日		直接材料	直接人工	制造费用	燃料及动力	
4	1	月初在产品成本					
4	30	本月发生的费用					
	30	生产费用合计					
		分配率					
	30	结转完工产品成本					
	30	月末在产品成本					

各项费用分配率的计算如下：

表 4-11　基本生产成本明细账

产品名称：乙产品　　　　　　完工产品数量：600 件　　　　　　月末在产品数量：0 件
　　　　　　　　　　　　　　　　　　　　　　　　　　　　　　　　　　　单位：元

20××年		摘　　要	成本项目				合计
月	日		直接材料	直接人工	制造费用	燃料及动力	
4	1	月初在产品成本					

续表

20××年		摘　要	成本项目				合计
月	日		直接材料	直接人工	制造费用	燃料及动力	
4	30	本月发生的费用					
	30	生产费用合计					
	30	结转完工产品成本					

⑧ 根据各产品的基本生产成本明细账，编制完工产品成本汇总表，如表 4-12 所示。

表 4-12　完工产品成本汇总表

金额单位：元

成本项目	甲产品（1 200 件）		乙产品（600 件）	
	总成本	单位成本（元/件）	总成本	单位成本（元/件）
直接材料				
直接人工				
制造费用				
合　　计				

根据表 4-12，编制会计分录。

2. 练习产品成本计算方法——分批法（一）

资料：东风工厂根据购买单位的订单小批生产 A、B、C 三种产品，采用分批法计算产品成本。20××年 8 月份的产品成本计算资料如下。

（1）产品生产情况如表 4-13 所示。

表 4-13　产品生产情况

批别	产品名称	批量（件）	投产日期	完工日期
601	A 产品	1 000	6 月 15 日	8 月 31 日全部完工
702	B 产品	800	7 月 10 日	本月未完工
803	C 产品	3 000	8 月 12 日	本月完工 1 500 件

（2）期初在产品成本资料如表4-14所示。

表4-14 期初在产品成本资料

20××年8月　　　　　　　　　　　　　　　　　　　　　　　单位：元

批别	直接材料	燃料与动力	直接人工	制造费用	合计
601	125 400	10 800	10 800	9 000	156 000
702	60 000	4 500	6 600	3 900	75 000

（3）本月发生的生产费用如表4-15所示。

表4-15 本月发生的生产费用

20××年8月　　　　　　　　　　　　　　　　　　　　　　　单位：元

批别	直接材料	燃料与动力	直接人工	制造费用	合计
601	24 600	3 150	6 900	4 350	39 000
702		1 800	7 200	6 000	15 000
803	36 000	2 700	4 800	1 500	45 000

（4）在完工产品与在产品之间分配费用的方法如下。803批号C产品，本月完工1 500件，尚有在产品1 500件，在产品完工程度为50%，原材料在生产开始时一次投入，生产费用采用约当产量法在完工产品与在产品之间分配。

要求：

（1）计算601批A产品全部完工产品的总成本和单位成本，登记基本生产成本明细账，如表4-16所示。

（2）计算702批B产品在产品成本，登记基本生产成本明细账，如表4-17所示。

（3）计算803批C产品本月完工产品的总成本、单位成本及期末在产品成本，登记基本生产成本明细账，如表4-18所示。

（4）编制结转完工产品成本的会计分录。

表4-16 基本生产成本明细账

批号：601　　　　　　　　　产品名称：A产品　　　　　　　　　单位：元

开工日期：20××年6月15日　　　完工日期：20××年8月31日

20××年		摘要	直接材料	燃料与动力	直接人工	制造费用	合计
月	日						
8	1	期初在产品成本					

续表

20××年		摘　要	直接材料	燃料与动力	直接人工	制造费用	合计
月	日						
8	31	本月生产费用					
	31	费用合计					
	31	完工产品总成本					
	31	完工产品单位成本					

表 4-17　基本生产成本明细账

批号：702　　　　　　　　　　　　产品名称：B 产品　　　　　　　　　　　　单位：元

开工日期：20××年 7 月 10 日　　　完工日期：

20××年		摘　要	直接材料	燃料与动力	直接人工	制造费用	合计
月	日						
8	1	期初在产品成本					
8	31	本月生产费用					
8	31	生产费用合计					

表 4-18　基本生产成本明细账

批号：803　　　　　　　　　　　　产品名称：C 产品　　　　　　　　　　　金额单位：元

开工日期：20××年 8 月 12 日　　　完工日期：

20××年		摘　要	直接材料	燃料与动力	直接人工	制造费用	合计
月	日						
8	31	本月生产费用					
	31	费用分配率					
	31	完工产品成本					
	31	月末在产品成本					

编制结转完工产品成本的会计分录。

3. 练习产品成本计算方法——分批法（二）

资料：胜利公司生产组织属于小批量生产，产品批数多，月末有多个批号产品不能完工，为简化核算，采用简化的分批法计算产品成本。5月份有关资料如下。

（1）产品生产情况如表4-19所示。

表4-19　产品生产情况

批号	产品	批量（件）	投产日期	完工日期
401	甲产品	50	1月10日	5月18日
402	乙产品	40	2月15日	5月23日
403	丙产品	100	3月5日	本月完工60件
404	丁产品	10	4月20日	未完工
405	戊产品	40	5月8日	未完工

（2）5月月初在产品成本为670 000元，其中4批产品的直接材料情况为：401批次200 000元、402批次80 000元、403批次100 000元、404批次20 000元，直接人工费147 500元，制造费用122 500元。5月月初累计生产工时为50 000工时，其中，401批次17 000工时、402批次14 000工时、403批次16 000工时、404批次3 000工时。

（3）5月份发生直接人工费42 100元，制造费用29 812元。本月份实际生产工时13 200工时，其中，401批次3 000工时、402批次2 000工时、403批次3 500工时、404批次2 500工时、405批次2 200工时。此外，405批次戊产品还发生100 000元的材料费。

（4）为简化核算工作，月末在产品视同完工产品分配费用。

要求：

（1）设置基本生产成本二级账，如表4-20所示，按产品批次设置产品成本明细账，如表4-21~表4-25所示，并登记期初余额。

表4-20　基本生产成本二级账

（各批产品总成本）　　　　　　　　　　　　金额单位：元

20××年		摘要	生产工时（工时）	直接材料	直接人工	制造费用	合计
月	日						
5	1	月初在产品成本					
5	31	本月发生费用					
	31	合计					
	31	全部产品累计间接计入费用分配率					
	31	完工产品转出					
	31	月末在产品成本					

表 4-21　基本生产成本明细账

批号：401　　　　　　　　　　开工日期：1 月 10 日　　　　　　　　批量：50 件
产品名称：甲产品　　　　　　　完工日期：5 月 18 日　　　　　　　　金额单位：元

20××年		摘　要	生产工时（工时）	直接材料	直接人工	制造费用	合计
月	日						
5	1	月初在产品成本					
5	31	本月发生费用					
	31	合计					
	31	累计间接费用分配率					
	31	转出完工产品成本					
	31	完工产品单位成本					

表 4-22　基本生产成本明细账

批号：402　　　　　　　　　　开工日期：2 月 15 日　　　　　　　　批量：40 件
产品名称：乙产品　　　　　　　完工日期：5 月 23 日　　　　　　　　金额单位：元

20××年		摘　要	生产工时（工时）	直接材料	直接人工	制造费用	合计
月	日						
5	1	月初在产品成本					
5	31	本月发生费用					
	31	合计					
	31	累计间接费用分配率					
	31	转出完工产品成本					
	31	完工产品单位成本					

表 4-23　基本生产成本明细账

批号：403　　　　　　　　　　开工日期：3 月 5 日　　　　　　　　批量：100 件
产品名称：丙产品　　　　　　　本月完工件数：60 件　　　　　　　　金额单位：元

20××年		摘　要	生产工时（工时）	直接材料	直接人工	制造费用	合计
月	日						
5	1	月初在产品成本					
	31	本月发生费用					
	31	合计					
	31	累计间接费用分配率					
	31	转出完工产品成本					
	31	完工产品单位成本					
	31	月末在产品成本					

表 4-24 基本生产成本明细账

批号：404　　　　　　　　　开工日期：4 月 20 日　　　　　　　　批量：10 件
产品名称：丁产品　　　　　　完工日期：　　　　　　　　　　　　金额单位：元

20××年		摘　要	生产工时（工时）	直接材料	直接人工	制造费用	合计
月	日						
5	1	月初在产品成本					
5	31	本月发生费用					

表 4-25 基本生产成本明细账

批号：405　　　　　　　　　开工日期：5 月 8 日　　　　　　　　　批量：40 件
产品名称：戊产品　　　　　　完工日期：　　　　　　　　　　　　金额单位：元

20××年		摘　要	生产工时（工时）	直接材料	直接人工	制造费用	合计
月	日						
5	31	本月发生费用					
	31	合计					

（2）登记本月发生的生产费用，并按累计分配法在完工产品和在产品之间分配。

（3）编制完工产品成本汇总表，如表 4-26 所示，并结转完工产品成本。

表 4-26 完工产品成本汇总表

20××年 5 月　　　　　　　　　　　　　　　　　　　　　　　　　单位：元

成本项目	甲产品（产量50 件）		乙产品（产量40 件）		丙产品（产量60 件）	
	总成本	单位成本（元/件）	总成本	单位成本（元/件）	总成本	单位成本（元/件）
直接材料						
直接人工						
制造费用						
合　计						

编制结转完工产品成本的会计分录。

4. 练习产品成本计算方法——分步法（一）

资料：某企业生产乙产品连续经过两个生产车间，第一车间生产的甲半成品直接转给第二车间继续加工成乙产成品。原材料在生产开始时一次投入，各车间在产品完工程度均为

50%，各项生产费用按约当产量法在完工产品和月末在产品间分配。产品产量和费用资料如表 4-27 所示。

表 4-27 产品产量和费用资料表

金额单位：元

项目	第一车间				第二车间			
	产量（件）	直接材料	直接人工	制造费用	产量（件）	半成品	直接人工	制造费用
月初在产品	160	1 280	600	640	240	2 594	848	1 272
本月生产	1 240	10 200	4 392	4 800	1 160		5 200	7 800
本月完工	1 160				1 120			
月末在产品	240				280			

要求：

（1）按逐步综合结转分步法计算完工产品成本与月末在产品成本，登记基本生产成本明细账，如表 4-28 和表 4-29 所示。

表 4-28 第一车间基本生产成本明细账

产品名称：甲半成品　　　　　　　　　　　　　　　　　　　　　　　　　金额单位：元

项　　目	直接材料	直接人工	制造费用	合计
月初在产品成本				
本月发生费用				
合　　计				
完工半成品数量				
月末在产品约当产量				
单位成本（分配率）				
完工半成品成本				
月末在产品成本				

表 4-29 第二车间基本生产成本明细账

产品名称：乙产成品　　　　　　　　　　　　　　　　　　　　　　　　　金额单位：元

项　　目	半成品	直接人工	制造费用	合计
月初在产品成本				
本月发生费用				
合　　计				
完工产成品数量				
月末在产品约当产量				
单位成本（分配率）				

续表

项　目	半成品	直接人工	制造费用	合计
完工产成品成本				
月末在产品成本				

（2）按成本还原分配率法进行成本还原，并编制乙产品成本还原计算表，如表 4-30 所示。

表 4-30　乙产品成本还原计算表

金额单位：元

项　目	产量（件）	半成品	直接材料	直接人工	制造费用	合计
还原前产成品成本						
甲半成品成本						
还原分配率						
产成品成本中半成品成本还原						
还原后产成品总成本						
单位成本（元/件）						

5. 练习产品成本计算方法——分步法（二）

资料：某企业生产 C 产品，顺序经过三个步骤加工完成，原材料在生产开始时一次投入，第一步骤生产的甲半成品完工后直接转入第二步骤，加工出乙半成品，第三步骤将乙半成品加工成 C 产成品，各步骤的投入、产出是一致的。该企业 20×× 年 9 月份有关产量资料如表 4-31 所示，各步骤月初在产品成本及本月发生的生产费用如表 4-32 和表 4-33 所示，采用平行结转分步法计算产品成本。

表 4-31　各步骤产量情况表

单位：件

摘　要	第一步骤	第二步骤	第三步骤
月初狭义在产品	90	120	150
本月投入	360	390	420
本月完工	390	420	450
月末狭义在产品	60	90	120
在产品完工程度	50%	50%	50%

表 4-32　各步骤月初在产品成本资料

单位：元

项　目	第一步骤	第二步骤	第三步骤
直接材料	11 700		

续表

项　　目	第一步骤	第二步骤	第三步骤
直接人工	1 170	2 400	3 240
制造费用	1 305	2 550	3 690
合　　计	14 175	4 950	6 930

表 4-33　本月成本资料

单位：元

项　　目	第一步骤	第二步骤	第三步骤
直接材料	46 800		
直接人工	9 330	12 480	15 120
制造费用	10 455	13 725	16 710
合　　计	66 585	26 205	31 830

要求：

（1）若各步骤生产费用在产成品与广义在产品之间的分配采用约当产量法，计算各步骤生产费用应计入产成品成本的份额及完工产品成本，并编制各步骤基本生产成本明细账，如表 4-34~表 4-36 所示。

（2）编制产成品成本汇总计算表，如表 4-37 所示，并编制结转产成品成本的会计分录。

第一步骤成本计算过程如下：

表 4-34　第一步骤基本生产成本明细账

产品名称：C 产品　　　　　　　　20××年 9 月　　　　　　　　金额单位：元

项　　目	直接材料	直接人工	制造费用	合计
月初在产品成本				
本月生产费用				
合　　计				
费用分配率				
本月产成品数量				
应计入产成品的成本份额				
月末在产品成本				

第二步骤成本计算过程如下:

表 4-35 第二步骤基本生产成本明细账

产品名称：C 产品　　　　　　　　　20××年 9 月　　　　　　　　　金额单位：元

项　　目	直接材料	直接人工	制造费用	合计
月初在产品成本				
本月生产费用				
合　　计				
费用分配率				
本月产成品数量				
应计入产成品的成本份额				
月末在产品成本				

第三步骤成本计算过程如下:

表 4-36 第三步骤基本生产成本明细账

产品名称：C 产品　　　　　　　　　20××年 9 月　　　　　　　　　金额单位：元

项　　目	直接材料	直接人工	制造费用	合计
月初在产品成本				
本月生产费用				
合　　计				
费用分配率				
本月产成品数量				
应计入产成品的成本份额				
月末在产品成本				

表 4-37 产成品成本汇总计算表

完工产量：450 件

产品名称：C 产品　　　　　　　　　20××年 9 月　　　　　　　　　金额单位：元

摘　　要	直接材料	直接人工	制造费用	合计
第一步骤计入产成品成本的份额				

续表

摘要	直接材料	直接人工	制造费用	合计
第二步骤计入产成品成本的份额				
第三步骤计入产成品成本的份额				
产成品总成本				
单位成本（元/件）				

编制结转本月完工入库产品的会计分录。

6. 练习产品成本计算方法——分步法（三）

资料：某企业生产 B 产成品顺序经过第一、二两个车间加工，第一车间为第二车间提供 A 半成品，A 半成品经验收后入半成品库。第二车间所耗半成品成本采用加权平均法确认。两车间月末在产品成本均按定额成本法计算，材料于生产开始时一次投入。

（1）第一车间基本生产成本明细账如表 4-38 所示。

表 4-38　第一车间基本生产成本明细账

产品名称：A 半成品　　　　　　　　　　20××年 5 月　　　　　　　　　　金额单位：元

20××年		摘要	产量（件）	直接材料	直接人工	其他直接支出	制造费用	合计
月	日							
5	1	期初在产品成本（定额成本）		8 130	2 790	3 630	1 980	16 530
5	31	本月生产费用		46 500	24 300	29 700	12 900	113 400
	31	生产费用合计						
	31	完工半成品成本转出	6 000					
	31	期末在产品成本（定额成本）		4 980	1 710	2 223	1 212	10 125

（2）自制半成品明细账如表 4-39 所示。

表 4-39　自制半成品明细账

产品名称：A 半成品　　　　　　　　　　20××年 5 月　　　　　　　　　　金额单位：元

月初余额		本月增加		合计		本月减少		
数量（件）	实际成本	数量（件）	实际成本	数量	实际成本	单位成本	数量（件）	实际成本
2 400	87 900						7 230	

（3）第二车间基本生产成本明细账如表4-40所示。

表4-40 第二车间基本生产成本明细账

产品名称：B产成品　　　　　　　　　20××年5月　　　　　　　　　金额单位：元

20××年		摘　　要	产量（件）	半成品	直接工资	其他直接支出	制造费用	合计
月	日							
5	1	期初在产品成本（定额成本）		18 600	1 740	2 280	1 470	24 090
5	31	本月生产费用			21 300	30 000	18 900	
	31	生产费用合计						
	31	完工产品成本转出	3 000					
	31	完工产品单位成本						
	31	期末在产品成本（定额成本）		3 150	3 102	4 065	2 619	12 936

要求：

（1）计算第一车间完工半成品成本。

（2）根据第一车间基本生产成本明细账和半成品入库单，编制会计分录。

（3）根据半成品入库单和第二车间半成品领用单，登记自制半成品明细账。

（4）根据自制半成品明细账和第二车间半成品领用单，编制会计分录。

（5）计算第二车间完工产品成本，并编制产成品入库的会计分录。

7. 练习综合结转分步法——成本还原

资料：某企业20××年2月生产甲产品9件，经过三个步骤，第一步骤生产出A半成品，第二步骤对半成品A继续加工，生产出B半成品，第三步骤对B半成品加工制成甲产成品。半成品和产成品成本资料如表4-41所示。

表4-41 半成品和产成品成本资料

单位：元

成　　本	半成品	直接材料	直接工资	制造费用	成本合计
第一步骤A半成品成本		1 200	960	720	2 880
第二步骤B半成品成本	2 400		700	500	3 600
甲产成品成本	3 240		540	360	4 140

要求：

（1）按成本还原分配率法进行成本还原，编制产成品成本还原计算表（成本还原分配率法），如表4-42所示。

表 4-42　产成品成本还原计算表（成本还原分配率法）

产品名称：甲产品　　　　　　　　20××年2月　　　　　　　　金额单位：元

行次	项目	产量（件）	还原分配率	半成品	直接材料	直接人工	制造费用	合计
1	还原前产成品成本							
2	第二步骤半成品成本							
3	第一次成本还原							
4	第一步骤半成品成本							
5	第二次成本还原							
6	还原后产成品总成本							
7	还原后产成品单位成本							

（2）按产品成本项目比重还原法进行成本还原，编制产成品成本还原计算表（产品成本项目比重还原法），如表4-43所示。

表 4-43　产成品成本还原计算表（产品成本项目比重还原法）

产品名称：甲产品　　　　　　　　20××年2月　　　　　　　　金额单位：元

成本项目	第一步骤 A半成品		第二步骤 B半成品		第三步骤 甲产成品			原始成本项目合计	还原后的单位成本
	成本	成本项目比重(%)	成本	成本项目比重(%)	成本	还原成第二步	再还原为第一步		
	①	②	③	④	⑤	⑥	⑦	⑧	⑨
B半成品									
A半成品									
直接材料									
直接人工									
制造费用									
合计									

项目 5　编制和分析成本报表

一、能力目标

通过本项目实训，使学生能够编制成本报表，并能从报表信息中窥测细微，洞察现实，展示未知，提高分析和解决问题的能力；掌握企业成本报表分析的各种方法和技巧，能从复杂的报表资料中全面分析成本水平及其构成的变动情况，研究影响成本升降的各个因素及其变动的原因，寻找降低成本的规律和潜力，具备为企业有关各方的财务决策提供有价值的信息的能力。

二、实训成果

（1）认真阅读案例资料，正确编制各种成本报表（产品生产成本报表、主要产品单位成本报表）。

（2）根据各项财务指标和相关资料，分析和评价全部产品成本计划的完成情况、可比产品成本计划完成情况。

（3）根据资料，找出影响成本变动的因素以及各个因素的影响程度。

（4）写出成本报表分析报告，学生课后自己去收集一家制造业企业的成本报表数据（全部产品生产成本报表、主要产品单位成本报表任选其一），要求运用方法得当，计算准确步骤严密，文字精练通顺，条理清楚，字数不超过800字。

三、任务描述

（1）完成成本报表的编制。
（2）运用适当的方法，对有关指标进行正确的计算。
（3）进行报表分析。
（4）完成成本报表分析报告的撰写。

四、项目训练

1. 练习产品生产成本表的编制与分析

资料：某企业20××年12月份产品产量及生产成本有关资料如表5-1所示。

表5-1 产品产量及生产成本资料表（按产品种类反映）

产品名称		产量（件）			单位成本（元/件）			
		本年计划	本月	本年累计	上年实际平均	本年计划	本月实际	本年累计实际平均
可比产品	A产品	900	100	1 000	20	19	21	19.5
	B产品	360	30	400	100	98	98	99
不可比产品	C产品	180	200	3 000		50	51	49

要求：

（1）根据上述资料，编制产品生产成本表（按产品种类反映），如表5-2所示，计算可比产品成本降低额和可比产品成本降低率。

（2）根据产品产量及生产成本资料表和产品生产成本表，编制本期全部产品成本计划完成情况分析表（实际成本与计划成本的对比分析表），如表5-3所示，对全部产品成本计划的完成情况进行分析。

（3）根据产品产量及生产成本资料表和产品生产成本表，编制可比产品成本计划降低分析表，以及可比产品成本实际降低分析表（可比产品成本实际升降情况分析表），如表5-4和表5-5所示，进行本期实际成本与上年实际成本的对比分析（也称为可比产品成本降低计划完成情况分析）。

表5-2 产品生产成本表（按产品种类反映）

编制单位：　　　　　　　　　　　　20××年12月　　　　　　　　　　金额单位：元

产品名称	计量单位	实际产量		单位成本			本月总成本			本年累计总成本			
		本月	本年累计	上年实际平均	本年计划	本月实际	本年累计实际平均	按上年实际平均单位成本计算	按本年计划单位成本计算	本月实际	按上年实际平均单位成本计算	按本年计划单位成本计算	本年实际
可比产品合计													
其中：A	件	100	1 000	20	19	21	19.5						
B	件	30	400	100	98	98	99						
不可比产品合计													
其中：C	件	200	3 000		50	51	49						
全部产品成本													

补充资料：① 可比产品成本降低额；② 可比产品成本降低率。

表5-3 全部产品成本计划完成情况分析表

　　　　　　　　　　　　　　　　　　　　　　　　　　　　　　　金额单位：元

产品名称	计划总成本	实际总成本	实际比计划降低额	实际比计划降低率（%）
一、可比产品				
其中：A				
B				
二、不可比产品				
其中：C				
合　计				

表 5-4 可比产品成本计划降低分析表

金额单位：元

可比产品	全年计划产量（件）	单位成本（元/件）		总成本		计划降低指标	
		上年实际平均	本年计划	按上年实际平均单位成本计算	按本年计划单位成本计算	降低额	降低率（%）
A							
B							
合 计							

表 5-5 可比产品成本实际降低分析表

金额单位：元

可比产品	全年实际产量（件）	单位成本（元/件）		总成本		实际降低指标	
		上年实际平均	本年累计实际平均	按上年实际平均单位成本计算	按本年累计实际平均单位成本计算	降低额	降低率（%）
A							
B							
C							
合 计							

2. 练习全部产品成本计划完成情况分析

资料：某企业20××年度生产五种产品，有关产品产量及单位成本资料如表5-6所示。

表 5-6 产量及单位成本资料

金额单位：元

产品类别		实际产量（件）	计划单位成本	实际单位成本
可比产品	A 产品	200	150	162
	B 产品	300	200	180
	C 产品	800	1 200	1 150
不可比产品	D 产品	260	380	400
	E 产品	400	760	750

要求：编制全部产品成本计划完成情况分析表，如表 5-7 所示，并对全部产品成本计划的完成情况进行分析。

表 5-7 全部产品成本计划完成情况分析表

金额单位：元

产品名称	计划总成本	实际总成本	实际比计划降低额	实际比计划降低率（%）
一、可比产品				
其中：A				
B				
C				
二、不可比产品				
其中：D				
E				
合　计				

3. 练习可比产品成本分析

资料：某企业 20×× 年度生产 A、B、C、D 四种可比产品，有关资料如表 5-8 所示。

表 5-8　产量及单位成本资料

产品名称	产量（件）		单位成本（元/件）		
	计划	实际	上年实际平均	本年计划	本年实际平均
A 产品	2 000	2 300	1 000	980	990
B 产品	1 000	900	1 500	1 600	1 480
C 产品	5 600	6 000	3 000	2 900	2 800
D 产品	7 000	6 900	5 900	5 800	5 500

要求：编制可比产品成本降低计划分析表以及可比产品成本实际降低分析表，如表 5-9 和表 5-10 所示，分析可比产品成本降低计划的完成情况。

表 5-9　可比产品成本计划降低分析表

金额单位：元

可比产品	全年计划产量（件）	单位成本（元/件）		总成本		计划降低指标	
		上年实际平均	本年计划	按上年实际平均单位成本计算	按本年计划单位成本计算	降低额	降低率（%）
A							
B							
C							
D							
合　计							

表 5-10　可比产品成本实际降低分析表

金额单位：元

可比产品	全年实际产量（件）	单位成本		总成本		实际降低指标	
		上年实际平均	本年实际平均	按上年实际平均单位成本计算	按本年实际平均单位成本计算	降低额	降低率（%）
A							
B							
C							
D							
合　计							

4. 练习单位产品成本分析（一）

资料：某企业生产甲产品20××年，有关资料如表5-11和表5-12所示。

表5-11　主要产品单位成本表

单位：元

成本项目	本年计划	本年实际
原材料	1 890	2 047
工资及福利费	168	164
制造费用	212	209
合　计	2 270	2 420

表5-12　单位甲产品耗用原材料的资料

项　目	本年计划	本年实际
原材料消耗量（千克）	900	890
原材料单价（元）	2.10	2.30

要求：分析影响直接材料费用变动的因素和各因素对变动的影响程度。

5. 练习单位产品成本分析（二）

资料：某企业生产乙产品，有关资料如表5-13和表5-14所示。

表5-13　主要产品单位成本表

单位：元

成本项目	本年计划	本年实际
原材料	2 090	2 090
工资及福利费	198	216
制造费用	99	108
合　计	2 387	2 414

表 5-14 单位乙产品耗用材料、人工、制造费用

项　目	本年计划	本年实际
原材料消耗量（千克）	950	950
原材料单价（元）	2.2	2.2
工时耗用量（工时）	9	9
工时工资率	22	24
工时制造费用分配率	11	12

要求：分析影响直接人工费用变动的因素和各因素对变动的影响程度，分析影响制造费用变动的因素和各因素对变动的影响程度。

6. 练习产品生产成本分析

资料：甲企业20××年度与成本相关的资料如下。

（1）本年全部产品生产成本表（按成本项目反映）如表5-15所示。

表 5-15 全部产品生产成本表（按成本项目反映）

20××年度　　　　　　　　　　　　　　　　　　单位：万元

项　目	本年计划	本年实际
生产费用：		
原材料	2 800	2 660
职工薪酬	1 200	1 210
制造费用	2 000	1 980
生产费用合计	6 000	5 850
加：在产品期初余额	310	320
减：在产品期末余额	275	305
产品生产成本合计	6 035	5 865

（2）甲企业20××年计划销售收入为8 100万元，实际销售收入为8 300万元；计划利润总额为1 100万元，实际利润总额为1 210万元。

要求：

（1）计算填列成本分析表，如表5-16所示。

表 5-16 产品生产成本分析表（按成本项目反映）

20××年度　　　　　　　　　　　　　　　　　　金额单位：万元

项　目	本年计划	本年实际	实际降低额	实际降低率（%）
原材料	2 800	2 660		

续表

项　　目	本年计划	本年实际	实际降低额	实际降低率（％）
职工薪酬	1 200	1 210		
制造费用	2 000	1 980		
生产费用合计	6 000	5 850		

（2）计算分析实际构成比率和计划构成比率。

（3）计算计划销售收入成本率、计划成本利润率和实际销售收入成本率、实际成本利润率，并分析企业经济效益的变化。

7. 练习生产成本报表的编制与分析

资料：甲企业 20×× 年生产 A、B、C 三种产品，其中，C 产品为不可比产品，相关资料如下。

（1）20×× 年全部产品生产成本表（按产品种类反映）如表 5-17 所示。

表 5-17　全部产品生产成本表（按产品种类反映）

金额单位：元

产品名称	计量单位	实际产量	单位成本（元/台）			本年累计总成本		
			上年实际平均	本年计划	本年实际	按上年实际单位平均成本计算	按本年计划单位成本平均	本年实际
可比产品合计								
A 产品	台	100	300	290	285			
B 产品	台	70	800	760	750			
不可比产品								
C 产品	台	20		510	560			
全部产品合计								

（2）甲企业计划的本年度销售收入成本率为 65%，本年销售收入实际为 150 000 元。

（3）甲企业制定的本年可比产品计划降低额为 2 000 元，计划降低率为 3%。

要求：

（1）根据资料填列产品生产成本表中的总成本。

（2）分析全部产品生产成本计划完成情况。

（3）计算本年实际销售收入成本率。

（4）计算甲企业 20×× 年可比产品成本的降低额和降低率，并对计划完成情况进行简单分析。

项目6 核算其他行业成本

一、能力目标

通过本项目实训，使学生能够分清商品流通企业、交通运输企业、房地产开发企业、施工企业成本核算与制造业企业成本核算存在哪些不同；具备根据不同行业特点进行成本计算的能力，并能根据计算结果进行会计处理，增强职业能力，能适应不同行业会计岗位的工作。

二、实训成果

（1）认真阅读案例资料，库存商品采用进价核算企业销售成本，确定商品销售成本（采用毛利率法、加权平均法计算）。

（2）库存商品采用售价核算企业销售成本，确定已销商品进销差价（分别采用综合差价率法、分类差价率法、盘存商品进销差价计算法）。

（3）根据资料，确定房地产开发企业土地开发成本。

（4）根据所学内容，归纳整理不同行业成本核算的异同，文字精练通顺，条理清楚，字数不超过600字。

三、任务描述

（1）完成商品流通企业库存商品采用进价核算企业销售成本。

（2）完成商品流通企业库存商品采用售价核算企业已销商品进销差价。

（3）明确房地产开发企业开发成本包括的内容，计算土地开发成本。

（4）归纳整理不同行业成本核算的异同。

四、项目训练

（1）资料：某商品流通企业商品有A、B两种，该企业20××年度第二季度末商品实际销售毛利率为20%，第三季度初结存商品金额40万元，本季购进总额400万元，9月末结存A商品数量300件，加权平均单价900元，结存B商品200件，加权平均单价2 200元。该企业7月份销售商品100万元，8月份销售商品120万元。

要求：用毛利率法计算A、B商品7月和8月份的销售成本，用加权平均法计算A、B商品9月份的销售成本，并根据计算结果进行相应的会计处理。

（2）凤凰商场20××年×月月末"库存商品""主营业务收入""商品进销差价"账户资

料分别如表6-1所示。

表6-1　凤凰商场有关账户资料

20××年×月　　　　　　　　　　　　　　　　　　　　　　　　　　单位：元

柜组	结转前"商品进销差价"账户余额	"库存商品"账户余额	"主营业务收入"账户本月贷方发生额
服装柜	10 000	35 000	48 000
食品柜	45 000	55 000	200 000
鞋帽柜	12 000	20 000	68 000
合计	67 000	110 000	316 000

要求：计算各柜组差价率及各柜组已销商品应分摊的进销差价，完成表6-2，并根据计算结果进行相应的会计处理。

表6-2　商品进销差价计算表

20××年×月　　　　　　　　　　　　　　　　　　　　　　　　　金额单位：元

柜组	月末分摊前"商品进销差价"账户余额（1）	月末"库存商品"账户余额（2）	本月"主营业务收入"账户本月贷方发生额（3）	差价率（4）	已销商品进销差价（5）	库存商品结存进销差价（6）
服装柜						
食品柜						
鞋帽柜						
合计						

（3）资料：凤凰商场女装专柜在20××年年末对其库存商品进行了实地盘点，其结果如表6-3所示。该柜组年末"商品进销差价"账户余额为415 000元。

表6-3　商品盘存及进销价格计算表

柜组：女装　　　　　　　　　　20××年　　　　　　　　　　金额单位：元

商品品种	单位	盘存	购进价		零售价	
			单价（元/件）	金额	单价（元/件）	金额
女装（001）	件	800	80	64 000	120	96 000
女装（002）	件	500	100	50 000	150	75 000
女装（003）	件	400	120	48 000	180	72 000
女装（004）	件	700	200	140 000	360	252 000
女装（005）	件	500	300	150 000	500	250 000
合计			—	—	452 000	745 000

要求：采用盘存商品进销差价计算法计算已销商品应分摊的进销差价，并根据计算结果

进行相应的会计处理。

(4) 资料：某商品流通企业20××年年末有关账户资料如下："库存商品"账户余额458 800元，"商品进销差价"账户余额65 800元。根据各商品盘点数量乘以各自的单位进价求得商品的进价总额为397 650元。

要求：采用盘存商品进销差价计算法计算已销商品应分摊的进销差价，并根据计算结果进行相应的会计处理。

(5) 资料：红宝商场20××年×月月末有关账户记录情况如下："库存商品"账户余额为120 000元，"主营业务收入"账户贷方发生额480 000元，期末分摊前"商品进销差价"账户余额132 000元。

要求：采用综合差价率计算法计算已销商品应分摊的进销差价，并根据计算结果进行相应的会计处理。

(6) 资料：华夏房地产开发有限公司开发甲、乙两地，开发面积分别为1万平方米和2万平方米。开发期发生土地征用及拆迁费10 000万元，其中甲地3 000万元，乙地7 000万元；发生规划设计费10万元，其中甲地4万元，乙地6万元；发生基础设施费80万元，其中甲地30万元，乙地50万元；另外，甲、乙两地共发生间接费用201.8万元。间接费用以直接费用为基础分配。

要求：计算土地开发成本，完成表6-4和表6-5。

表6-4 间接费用分配表

20××年×月　　　　　　　　　　　　　　金额单位：万元

成本核算对象	直接费用	分配率	分配金额
甲地			
乙地			
合计			

表 6-5　土地开发成本核算表

20××年×月　　　　　　　　　　　　　　　　　　　单位：万元

成本核算对象	直接费用						间接费用	合计
	土地征用费	前期工程费	建安工程费	基础设施费	公共配套设施费	合计		
甲地								
乙地								
合计								

（7）归纳整理商品流通企业、交通运输企业、房地产开发企业、施工企业成本核算与制造业成本核算的异同。

第二部分
综合训练

【综合训练概述】

一、能力目标

通过本综合实训，使学生能根据企业生产特点和管理要求选择适当的成本计算方法；能正确使用产品成本计算方法处理成本计算的实际问题。

二、实训成果

（1）认真阅读项目训练资料，正确选择成本计算方法。

（2）根据资料，正确运用品种法计算产品成本。

（3）根据资料，正确运用分步法计算产品成本。

（4）根据资料，正确运用分批法计算产品成本。

（5）写出实训报告，学生课后自己去收集一个制造业企业的成本计算数据（品种法、分步法、分批法任选其一），要求运用方法得当，计算准确，步骤严密，文字精练通顺，条理清楚，字数不超过1 000字。

三、任务描述

（1）进行成本计算方法的选择。

（2）运用适当的方法，正确进行成本计算。

（3）完成实训报告的撰写。

训练1　产品成本计算的品种法

1. 企业基本情况

振华制造厂设有一个基本生产车间和供电、锅炉两个辅助生产车间，大量生产甲、乙两种产品。

2. 20××年12月份有关资料

（1）月初在产品成本：甲产品月初在产品成本29 600元，其中：直接材料9 600元，直接人工12 000元，制造费用8 000元；乙产品月初无在产品。

（2）本月生产数量：甲产品本月实际生产工时40 000工时，本月完工800件，月末在产品400件，在产品原材料已全部投入，加工程度为50%；乙产品本月实际生产工时20 000工时，本月完工400件，月末无在产品。

供电车间本月供电 40 000 千瓦·时，其中锅炉车间耗用 3 000 千瓦·时，产品生产耗用 30 000 千瓦·时，基本生产车间一般耗用 5 000 千瓦·时，厂部管理部门耗用 2 000 千瓦·时。

锅炉车间本月供气 17 000 立方米，其中供电车间耗用 1 000 立方米，产品生产耗用 12 000 立方米，基本生产车间一般耗用 2 000 立方米，厂部管理部门耗用 2 000 立方米。

（3）材料费用汇总表如表综 1-1 所示。

表综 1-1　材料费用汇总表

20××年 12 月　　　　　　　　　　　　　　　　　　　　单位：元

用　　途	直接领用	共同耗用	合　　计
产品生产直接耗用	60 000	30 000	90 000
其中：甲产品	20 000		
乙产品	40 000		
基本生产车间一般耗用	10 000		10 000
供电车间耗用	488		488
锅炉车间耗用	1 000		1 000
厂部管理部门耗用	600		600
合　　计	72 088	30 000	102 088

（4）本月职工薪酬汇总表如表综 1-2 所示。

表综 1-2　职工薪酬汇总表

20××年 12 月　　　　　　　　　　　　　　　　　　　　单位：元

人员类别	应付职工薪酬
生产工人	150 000
供电车间人员	15 000
锅炉车间人员	10 000
基本生产车间人员	12 000
厂部管理人员	23 000
合　　计	210 000

（5）本月计提折旧费 50 000 元，其中基本生产车间 30 000 元，锅炉车间 1 000 元，供电车间 10 000 元，厂部管理部门 9 000 元。

（6）本月以银行存款支付费用 28 000 元，其中基本生产车间水费 12 000 元，办公费 3 000 元；锅炉车间水费 1 800 元，修理费 200 元；供电车间外购电力和水费 5 000 元；厂部管理部门办公费 4 000 元，差旅费 2 000 元。

3. 训练要求

（1）根据上述资料，选择产品成本计算方法。

（2）设置甲、乙产品基本生产成本明细账，供电车间、锅炉车间辅助生产成本明细账，基本生产车间制造费用明细账，其他总账、明细账从略。

（3）根据甲、乙产品直接消耗材料的比例分配共同用料，编制材料费用分配表，如表综1-3所示，编制会计分录，并计入有关账户。

表综1-3 材料费用分配表

20××年12月　　　　　　　　　　　　　　　　　金额单位：元

应借账户		直接计入	间接计入			合计
总账账户	明细账户		分配标准（直接消耗材料）	分配率	分配额	
生产成本——基本生产成本	甲产品					
	乙产品					
	小计					
生产成本——辅助生产成本	供电车间					
	锅炉车间					
	小计					
制造费用	基本生产车间					
管理费用						
合　　计						

根据表综1-3编制会计分录。

（4）根据甲、乙产品的实际生产工时，分配产品生产工人薪酬，编制职工薪酬分配表，如表综1-4所示。同时根据分配结果编制会计分录，并计入有关账户。

表综1-4 职工薪酬分配表

20××年12月　　　　　　　　　　　　　　　　　金额单位：元

应借账户		分配标准（生产工时）	分配率	分配额	合计
总账账户	明细账户				
生产成本——基本生产成本	甲产品				
	乙产品				
	小计				

续表

应借账户		分配标准 (生产工时)	分配率	分配额	合计
总账账户	明细账户				
生产成本—— 辅助生产成本	供电车间				
	锅炉车间				
	小计				
制造费用	基本生产车间				
管理费用					
合　计					

根据表综 1-4 编制会计分录。

(5) 编制本月计提折旧的会计分录,并计入有关账户。

(6) 编制本月以银行存款支付的费用的会计分录,并计入有关账户。

(7) 登记辅助生产成本明细账,如表综 1-5 和表综 1-6 所示,并采用直接分配法编制辅助生产费用分配表(直接分配法),如表综 1-7 所示。根据分配结果编制会计分录,并计入有关账户。

表综 1-5　辅助生产成本明细账

车间名称:供电车间　　　　　　　　　　　　　　　　　　　　　　　　单位:元

20××年		凭证 号数	摘　要	直接 材料	直接 人工	折旧 费用	其他 费用	合计	转出	金额
月	日									
12	31	略	分配材料费用							

续表

20××年		凭证号数	摘要	直接材料	直接人工	折旧费用	其他费用	合计	转出	金额
月	日									
	31		分配职工薪酬							
	31		分配折旧费用							
	31		分配其他费用							
	31		分配转出							
	31		本期发生额合计							

表综 1-6　辅助生产成本明细账

车间名称：锅炉车间　　　　　　　　　　　　　　　　　　　　　单位：元

20××年		凭证号数	摘要	直接材料	直接人工	折旧费用	其他费用	合计	转出	金额
月	日									
12	31	略	分配材料费用							
	31		分配职工薪酬							
	31		分配折旧费用							
	31		分配其他费用							
	31		分配转出							
	31		本期发生额合计							

表综 1-7　辅助生产费用分配表（直接分配法）

20××年 12 月　　　　　　　　　　　　　　　　　　　　　　金额单位：元

受益部门	供电车间		锅炉车间		合计
	电量（千瓦·时）	金额	蒸汽（立方米）	金额	
待分配费用					
劳务供应量					
分配率					
分配金额					
甲产品					
乙产品					
合　计					
基本生产车间					
管理部门耗用					
合　计					

根据表综 1-7 编制会计分录。

(8) 登记基本生产车间的制造费用明细账，如表综 1-8 所示。编制制造费用分配表，如表综 1-9 所示。根据分配结果编制会计分录，并计入有关账户。

表综 1-8　制造费用明细账

车间名称：基本生产车间　　　　　　　　　　　　　　　　　　　　　　　　　　　单位：元

20××年		凭证号数	摘　要	消耗材料	工资及福利费	折旧费	其他费用	供电、供气费	合计
月	日								
12	31	略	分配材料费						
	31		分配人工费						
	31		分配折旧费						
	31		分配其他费用						
	31		分配辅助生产费用						
	31		待分配费用合计						
	31		分配转出						

表综 1-9　制造费用分配表

20××年 12 月　　　　　　　　　　　　　　　　　　　　　　金额单位：元

分配对象	分配标准（生产工时）	分配率	应分配金额
甲产品			
乙产品			
合　计			

根据表综 1-9 编制会计分录。

(9) 登记基本生产成本明细账，如表综 1-10 和表综 1-11 所示。采用约当产量法计算甲产品月末在产品成本，编制甲、乙产品成本计算单和完工产品成本汇总表，如表综 1-12~表综 1-14 所示，并编制结转完工甲、乙产品成本的会计分录。

表综 1-10　基本生产成本明细账

产品名称：甲产品　　　　　　　完工产品数量：800 件　　　　　　　月末在产品数量：400 件

单位：元

20××年		凭证号数	摘要	成本项目			合计
月	日			直接材料	直接人工	制造费用	
12	1		月初在产品成本				
	31	略	分配材料费用				
	31		分配职工薪酬				
	31		分配辅助生产费用				
	31		分配制造费用				
	31		生产费用合计				
			完工产品与在产品约当产量合计				
			单位成本				
	31		结转完工产品总成本				
	31		期末在产品成本				

表综 1-11　基本生产成本明细账

产品名称：乙产品　　　　　　　完工产品数量：400 件　　　　　　　月末在产品数量：0 件

单位：元

20××年		凭证号数	摘要	成本项目			合计
月	日			直接材料	直接人工	制造费用	
12	1		月初在产品成本				
	31	略	分配材料费用				
	31		分配职工薪酬				
	31		分配辅助生产费用				
	31		分配制造费用				
	31		生产费用合计				
	31		结转完工产品总成本				
			完工产品单位成本				

表综 1-12　产品成本计算单

产品名称：甲产品　　　　　　　完工产品数量：800 件　　　　　　　单位：元

20××年		摘要	直接材料	直接人工	制造费用	合计
月	日					
12	1	月初在产品成本				

续表

20××年		摘 要	直接材料	直接人工	制造费用	合计
月	日					
	31	本月发生生产费用				
	31	合计				
	31	单位产品成本				
	31	转出完工产品成本				
	31	期末在产品成本				

表综 1-13　产品成本计算单

产品名称：乙产品　　　　　　　完工产品数量：400 件　　　　　　　单位：元

20××年		摘 要	直接材料	直接人工	制造费用	合计
月	日					
12	1	月初在产品成本				
	31	本月发生生产费用				
	31	合计				
	31	转出完工产品成本				
		单位产品成本				

表综 1-14　完工产品成本汇总表

20××年12月　　　　　　　　　　　　　　　　　　　　　金额单位：元

产品名称	产量（件）	直接材料	直接人工	制造费用	成本合计	单位成本
甲产品						
乙产品						
合 计						

编制结转完工甲、乙产品成本的会计分录如下。

训练 2　产品成本计算的分步法

1. 企业基本情况

中兴工厂设有两个基本生产车间，即一车间和二车间，大量生产甲、乙两种产品。一车间生产甲半成品和乙半成品，二车间将甲半成品和乙半成品加工成甲产品和乙产品。半成品通过半成品库收发,半成品发出时采用全月一次加权平均法计价。该企业另设有一个辅助生产的机修车间,辅助生产车间的制造费用通过"制造费用"账户核算。根据企业的需要,产品成本项目设有"自制半成品""直接材料""直接人工"和"制造费用"四个成本项目。各车间有关产品的"直接材料"和"自制半成品"成本项目的费用按本车间完工产品和本车间月末在产品数量进行分配,其他成本项目均按本车间完工产品和在产品的约当产量分配。二车间产成品成本中包括的自制半成品成本,按一车间所产半成品成本结构进行成本还原,按原始成本项目反映产成品成本。

2. 20××年9月份有关资料

(1) 有关付款凭证汇总的各项货币支出如表综2-1所示。

表综2-1 各项货币支出汇总表

单位:元

项目	办公费	劳动保护费	其他费用
一车间	700	500	500
二车间	800	300	300
机修车间	400	300	400
管理费用	2 000	600	500
合计	3 900	1 700	1 700

(2) 本月编制的领料凭证汇总表如表综2-2所示,甲产品和乙产品共同耗用A材料,本月共耗用A材料共计84 000元。各产品A材料的消耗定额分别为:甲产品6千克,乙产品4千克。甲产品和乙产品共同耗用的A材料按各产品的A材料消耗定额分配,所有低值易耗品采用分期摊销法在5个月内分期摊销。甲产品和乙产品分别耗用的B材料和C材料直接计入各产品成本明细账中。

表综2-2 领料凭证汇总表

20××年9月   单位:元

项目		一车间	二车间	机修车间
原材料	A	84 000		
	B	250 000		60 000
	C	220 000		
	D			
	小计	554 000		60 000
低值易耗品	E	2 000	1 000	
	F	3 000	2 000	
	G			3 000
	H			1 000
	小计	5 000	3 000	4 000

续表

项　目		一车间	二车间	机修车间
机物料消耗	I	2 000		
	J	2 000		
	K		2 000	1 000
	L			2 000
	小计	4 000	2 000	3 000

（3）各部门的工资费用如表综 2-3 所示，各车间生产工人的工资均为计时工资，各车间的计时工资均按各车间生产产品的工时进行分配。

表综 2-3　工资费用表

20××年 9 月　　　　　　　　　　　　　　　　　　　　单位：元

部　门	生产人员	管理人员
一车间	60 000	20 000
二车间	50 000	10 000
机修车间	20 000	5 000
行政管理		20 000
合　计	130 000	55 000

（4）各车间有关产品的生产工时资料如表综 2-4 所示。

表综 2-4　生产工时资料

20××年 9 月　　　　　　　　　　　　　　　　　　　　单位：工时

项　目		工　时
一车间	甲半成品	3 000
	乙半成品	2 000
	小计	5 000
二车间	甲产成品	1 500
	乙产成品	2 500
	小计	4 000
合　计		9 000

（5）外购动力费用如表综 2-5 所示，各车间电费均按各车间生产产品的生产工时分配。

表综 2-5　外购动力费用

20××年 9 月　　　　　　　　　　　　　　　　　　　　单位：元

部　门	生产车间用电	管理部门用电
一车间	10 000	1 000

续表

部门	生产车间用电	管理部门用电
二车间	8 000	1 000
机修车间	5 000	500
行政管理		2 000
合计	23 000	4 500

（6）固定资产折旧费如表综2-6所示。

表综2-6　固定资产折旧费

20××年9月　　　　　　　　　　　　　　　　　　　　　　　单位：元

项目	一车间	二车间	机修车间	行政管理	合计
折旧费用	20 000	15 000	20 000	10 000	65 000

（7）9月份摊销应由本月承担的各种低值易耗品费用。
（8）辅助生产的机修车间本月提供机修服务发生的机修工时为1 000工时，其中为一车间提供400工时，为二车间提供500工时，为行政管理部门提供100工时。
（9）各车间的制造费用均按各车间生产产品的生产工时分配。
（10）9月月初有关半成品库结存的半成品资料如表综2-7所示。

表综2-7　9月月初半成品结存资料

20××年9月　　　　　　　　　　　　　　　　　　　　　　金额单位：元

产品	实际数量（件）	实际成本
甲半成品	400	154 000
乙半成品	300	147 243
合计	700	301 243

（11）9月月初在产品成本资料如表综2-8所示。

表综2-8　9月月初在产品成本资料

20××年9月　　　　　　　　　　　　　　　　　　　　　　　单位：元

项　　目		直接材料	自制半成品	直接人工	制造费用	合计
一车间	甲半成品	53 420		8 200	11 000	72 620
	乙半成品	76 200		7 500	10 020	93 720

（12）有关产量记录如表综 2-9 所示。

表综 2-9　产量记录表

20××年 9 月

项　　目		月初在产品（件）	本月投入（件）	本月完工（件）	月末在产品（件）	月末在产品完工程度（%）
一车间	甲半成品	200	1 000	800	400	50
	乙半成品	200	600	700	100	50
二车间	甲产品		600	500	100	50
	乙产品		500	300	200	50

3. 训练要求

（1）根据各项货币支出汇总表，编制会计分录，并计入有关账户。

（2）根据领料凭证汇总表和其他资料，编制材料费用分配表，如表综 2-10 所示。同时根据材料费用分配表编制会计分录，并计入有关账户。

表综 2-10　材料费用分配表

20××年 9 月　　　　　　　　　　　　　　　　　金额单位：元

应借账户		成本或费用项目	直接计入	间接计入			合计
总账账户	明细账户			分配标准（定额耗用量）	分配率	分配额	
生产成本——基本生产成本	甲半成品	直接材料					
	乙半成品	直接材料					
	小　　计						
制造费用	一车间	低值易耗品					
		机物料消耗					
	二车间	低值易耗品					
		机物料消耗					
	机修车间	低值易耗品					
		机物料消耗					
	小　　计						
生产成本——辅助生产成本	机修车间	直接材料					
合　　计							

根据表综 2-10 编制会计分录如下。

（3）根据工资费用资料，编制职工薪酬分配表，如表综 2-11 所示。同时根据材料费用分配表编制会计分录，并计入有关账户。

表综 2-11　职工薪酬分配表

20××年 9 月　　　　　　　　　　　　　　　　　　　金额单位：元

应借账户		成本或费用项目	分配标准（生产工时）	分配率	分配额
总账账户	明细账户				
生产成本——基本生产成本	甲半成品	直接人工			
	乙半成品	直接人工			
	小　　计				
	甲产品	直接人工			
	乙产品	直接人工			
	小　　计				
制造费用	一车间	工资及福利费			
	二车间	工资及福利费			
	机修车间	工资及福利费			
	小　　计				
生产成本——辅助生产成本	机修车间	直接人工			
管理费用		工资及福利费			
合　　计					

根据表综 2-11 编制会计分录。

(4) 根据有关部门的用电情况，按生产车间各产品的生产工时进行分配，编制电费分配表，如表综 2-12 所示。同时根据电费分配表编制会计分录，并计入有关账户。

表综 2-12　电费分配表

20××年 9 月　　　　　　　　　　　　金额单位：元

应借账户		成本或费用项目	分配标准（生产工时）	分配率	分配额
总账账户	明细账户				
生产成本——基本生产成本	甲半成品	制造费用			
	乙半成品	制造费用			
	小　　计				
	甲产品	制造费用			
	乙产品	制造费用			
	小　　计				
制造费用	一车间	电费			
	二车间	电费			
	机修车间	电费			
	小　　计				
生产成本——辅助生产成本	机修车间	制造费用			
管理费用		电费			
合　　计					

根据表综 2-12 编制会计分录。

(5) 根据固定资产资料，编制固定资产折旧分配表，如表综 2-13 所示。同时根据固定资产折旧分配表编制会计分录，并计入有关账户。

表综 2-13　固定资产折旧分配表

20××年 9 月　　　　　　　　　　　　　　　　　　　　　　单位：元

项目	生产车间				行政管理	合计
	一车间	二车间	机修车间	小计		
折旧费						

根据表综 2-13 编制会计分录。

（6）根据低值易耗品摊销资料，编制低值易耗品费用分配表，如表综 2-14 所示。同时根据低值易耗品费用分配表编制会计分录，并计入有关账户。

表综 2-14　低值易耗品费用分配表

20××年 9 月　　　　　　　　　　　　　　　　　　　　　　单位：元

应借账户			摊销金额
制造费用	一车间	低值易耗品	
	二车间	低值易耗品	
	机修车间	低值易耗品	
合　计			

根据表综 2-14 编制会计分录。

（7）根据各项费用分配表，登记辅助生产车间制造费用明细账，如表综 2-15 所示。

表综 2-15　辅助生产车间制造费用明细账

车间名称：机修车间　　　　　　　　　　　　　　　　　　单位：元

20××年		凭证号数	摘　要	工资及福利费	机物料消耗	电费	折旧费用	低值易耗品	劳动保护	办公费	其他费用	合计
月	日											
9	30	略	据各项货币支出汇总表									
	30		据材料分配表									

续表

20××年		凭证号数	摘要	工资及福利费	机物料消耗	电费	折旧费用	低值易耗品	劳动保护	办公费	其他费用	合计
月	日											
	30		据职工薪酬分配表									
	30		据电费分配表									
	30		据折旧费用分配表									
	30		低值易耗品费用分配									
	30		分配转出									
	30		合 计									

（8）根据辅助生产车间制造费用明细账，编制辅助生产车间制造费用分配表，如表综2-16所示。同时根据辅助生产车间制造费用分配表编制会计分录，并计入有关账户。

表综2-16　辅助生产车间制造费用分配表

20××年9月　　　　　　　　　　　　　　　　　　　　　　　　　　　单位：元

应借账户	金　　额
生产成本——辅助生产成本——机修车间	

根据表综2-16编制会计分录。

（9）根据辅助生产费用分配表，登记辅助生产成本明细账，如表综2-17所示。

表综2-17　辅助生产成本明细账

车间名称：机修车间　　　　　　　　　　　　　　　　　　　　　　　　　单位：元

20××年		凭证号数	摘要	直接材料	直接人工	制造费用	合计	转出	金额
月	日								
9	30	略	分配材料费用						
	30		分配职工薪酬						
	30		分配电费						
	30		分配制造费用						
	30		分配转出						
	30		本期发生额合计						

（10）根据辅助生产车间生产成本明细账，编制辅助生产车间生产费用分配表，如表综2-18所示。同时根据辅助生产车间生产费用分配表编制会计分录，并计入有关账户。

表综 2-18 辅助生产车间生产费用分配表

车间名称：机修车间　　　　　　　　　20××年9月　　　　　　　　　金额单位：元

辅助生产部门名称			机修车间	合　计
待分配费用				
供应辅助生产部门以外单位的劳务量				
费用分配率（单位成本）				
应借账户	制造费用——一车间	耗用数量		
		分配金额		
	制造费用——二车间	耗用数量		
		分配金额		
	管理费用	耗用数量		
		分配金额		
分配金额合计				

根据表综 2-18 编制会计分录。

（11）根据生产费用分配表，登记一车间制造费用明细账和二车间制造费用明细账，如表综 2-19 和表综 2-20 所示。

表综 2-19 基本生产车间制造费用明细账

车间名称：一车间　　　　　　　　　　　　　　　　　　　　　　　　单位：元

20××年		凭证号数	摘　要	工资及福利费	机物料消耗	电费	折旧费用	低值易耗品	劳动保护	办公费	修理费	其他费用	合计
月	日												
9	30	略	据各项货币支出汇总表										
	30		据材料分配表										
	30		据职工薪酬分配表										
	30		据电费分配表										
	30		据折旧费用分配表										
	30		据低值易耗品分配表										
	30		据辅助生产费用分配表										
	30		分配转出										
	30		合　计										

表综 2-20 基本生产车间制造费用明细账

车间名称：二车间　　　　　　　　　　　　　　　　　　　　　　　　单位：元

20××年		凭证号数	摘　要	工资及福利费	机物料消耗	电费	折旧费用	低值易耗品	劳动保护	办公费	其他费用	合计
月	日											
9	30	略	据各项货币支出汇总表									
	30		据材料分配表									
	30		据职工薪酬分配表									
	30		据电费分配表									
	30		据折旧费用分配表									
	30		据低值易耗品分配表									
	30		据辅助生产费用分配表									
	30		分配转出									
	30		合　　计									

（12）根据基本生产车间制造费用明细账资料，编制一车间制造费用分配表和二车间制造费用分配表，如表综 2-21 和表综 2-22 所示。同时根据基本生产车间生产费用分配表编制会计分录，并计入有关账户。

表综 2-21 基本生产车间制造费用分配表

车间名称：一车间　　　　　　　　20××年9月　　　　　　　　金额单位：元

应借账户		生产工时（工时）	分配率（元/工时）	金　额
生产成本——基本生产成本	甲半成品			
	乙半成品			
合　　计				

表综 2-22 基本生产车间制造费用分配表

车间名称：二车间　　　　　　　　20××年9月　　　　　　　　金额单位：元

应借账户		生产工时（工时）	分配率（元/工时）	金　额
基本生产成本	甲产成品			
	乙产成品			
合　　计				

根据表综 2-22 编制会计分录。

（13）根据基本生产车间制造费用分配表，登记基本生产成本明细账，如表综 2-23 和表综 2-24 所示。同时根据基本生产成本明细账编制会计分录，并计入有关账户。

表综 2-23　基本生产成本明细账

产品名称：甲半成品　　　　　　　完工产品数量：800 件　　　　　　月末在产品数量：400 件

单位：元

20××年		凭证号数	摘　要	成本项目			合计
月	日			直接材料	直接人工	制造费用	
9	1	略	月初在产品成本				
	30		分配材料费用				
	30		分配职工薪酬				
	30		分配电费				
	30		分配制造费用				
	30	略	生产费用合计				
			完工产品与在产品约当产量合计				
			单位成本				
	30		结转完工产品总成本				
	30		期末在产品成本				

表综 2-24　基本生产成本明细账

产品名称：乙半成品　　　　　　　完工产品数量：700 件　　　　　　月末在产品数量：100 件

单位：元

20××年		凭证号数	摘　要	成本项目			合计
月	日			直接材料	直接人工	制造费用	
9	1		月初在产品成本				
	30	略	分配材料费用				
	30		分配职工薪酬				
	30		分配电费				
	30		分配制造费用				
	30		生产费用合计				
			完工产品与在产品约当产量合计				
			单位成本				
	30		结转完工产品总成本				
	30		期末在产品成本				

根据表综 2-23 和表综 2-24 编制结转完工入库产品成本的会计分录。

（14）根据一车间基本生产成本明细账和其他资料，登记自制半成品明细账，如表综 2-25 和表综 2-26 所示。同时根据自制半成品明细账编制会计分录，并计入有关账户。

表综 2-25　自制半成品明细账

产品名称：甲半成品　　　　　　　　　　　　　　　　　　　　　　　金额单位：元

20××年		凭证号数	摘要	收入		发出		结余		
月	日			数量	金额	数量	金额	数量	单价	金额
9	1	略	期初结存							
	30		完工入库							
	30		发出							

表综 2-26　自制半成品明细账

产品名称：乙半成品　　　　　　　　　　　　　　　　　　　　　　　金额单位：元

20××年		凭证号数	摘要	收入		发出		结余		
月	日			数量	金额	数量	金额	数量	单价	金额
9	1	略	期初结存							
	30		完工入库							
	30		发出							

根据表综 2-25 和表综 2-26 编制会计分录。

（15）根据二车间领用自制半成品资料，登记基本生产成本明细账，如表综 2-27 和表综 2-28 所示，计算二车间产品成本。

表综 2-27　基本生产成本明细账

　　　　　　　　　　　　　　　　　　　　　　　　　　　　　　月末在产品数量：100 件

产品名称：甲产品　　　　　　　　完工产品数量：500 件　　　　　　　　　单位：元

20××年		凭证号数	摘要	成本项目				合计
月	日			直接材料	自制半成品	直接人工	制造费用	
9	1	略	月初在产品成本					
	30		领用自制半成品					
	30		分配职工薪酬					

续表

20××年		凭证号数	摘要	成本项目				合计
月	日			直接材料	自制半成品	直接人工	制造费用	
	30		分配电费					
	30		分配制造费用					
	30		生产费用合计					
	30		完工产品与在产品约当产量合计					
	30		单位成本					
	30		结转完工产品总成本					
	30		期末在产品成本					

表综 2-28 基本生产成本明细账

产品名称：乙产品　　　　　　　完工产品数量：300 件　　　　　　月末在产品数量：200 件
　　　　　　　　　　　　　　　　　　　　　　　　　　　　　　　　单位：元

20××年		凭证号数	摘要	成本项目				合计
月	日			直接材料	自制半成品	直接人工	制造费用	
9	1	略	月初在产品成本					
	30		领用自制半成品					
	30		分配职工薪酬					
	30		分配电费					
	30		分配制造费用					
	30		生产费用合计					
	30		完工产品与在产品约当产量合计					
	30		单位成本					
	30		结转完工产品总成本					
	30		期末在产品成本					

根据表综 2-27 和表综 2-28 编制会计分录。

(16) 编制产成品成本还原计算表,如表综 2-29 和表综 2-30 所示。

表综 2-29 产成品成本还原计算表

产品名称:甲产品　　　　　　　　　20××年9月　　　　　　　　　金额单位:元

项目	还原前产成品成本	本月所产半成品成本	产成品成本中半成品成本还原	还原后产成品总成本	还原后产成品单位成本
产量(件)					
还原分配率					
自制半成品					
直接材料					
直接人工					
制造费用					
成本合计					

表综 2-30 产成品成本还原计算表

产品名称:乙产品　　　　　　　　　20××年9月　　　　　　　　　金额单位:元

项目	还原前产成品成本	本月所产半成品成本	产成品成本中半成品成本还原	还原后产成品总成本	还原后产成品单位成本
产量(件)					
还原分配率					
自制半成品					
直接材料					
直接人工					
制造费用					
成本合计					

训练 3　产品成本计算的分批法

1. 企业基本情况

大华工厂属于小批生产,采用简化的分批法计算产品成本。

2. 20××年4月份有关资料

(1) 月初在产品成本:101 批号,直接材料 3 750 元;102 批号,直接材料 2 200 元;103 批号,直接材料 1 600 元。月初直接人工 1 725 元,制造费用 2 350 元。

(2) 月初在产品耗用累计工时:101 批号 1 800 工时;102 批号 590 工时;103 批号 960 工时。

（3）本月的生产情况如表综 3-1 所示。

表综 3-1　产品生产情况表

金额单位：元

产品名称	批号	批量（件）	投产日期	完工日期	本月发生工时（工时）	本月发生直接材料
甲	101	10	2 月	4 月	450	250
乙	102	5	3 月	4 月	810	300
丙	103	4	3 月	6 月	1 640	300

（4）本月发生的各项间接费用为：直接人工 1 400 元，制造费用 2 025 元。

3. 训练要求

根据上述资料，登记基本生产成本二级账，以及各批产品基本生产成本明细账，如表综 3-2~表综 3-5 所示。计算完工产品成本并编制会计分录。

表综 3-2　基本生产成本二级账

金额单位：元

20××年		摘　　要	生产工时（工时）	直接材料	直接人工	制造费用	合计
月	日						
3	31	累计发生					
4	30	本月发生					
	30	累计发生数					
	30	累计间接费用分配率					
	30	本月完工产品成本转出					
	30	月末在产品					

表综 3-3　基本生产成本明细账

批号：101　　　　　　　　　　　　投产日期：2 月　　　　　　　　　　　批量：10 件
产品名称：甲产品　　　　　　　　 完工日期：4 月　　　　　　　　　　　金额单位：元

20××年		摘　　要	生产工时（工时）	直接材料	直接人工	制造费用	合计
月	日						
3	31	累计发生					
4	30	本月发生					
	30	累计发生数					
	30	累计间接费用分配率					
	30	完工产品应负担间接费					
	30	本月完工产品成本转出					
	30	完工产品单位成本					

表综 3-4　基本生产成本明细账

批号：102　　　　　　　　　　　投产日期：3月　　　　　　　　　　批量：5件
产品名称：乙产品　　　　　　　　完工日期：4月　　　　　　　　　　金额单位：元

20××年		摘　　要	生产工时（工时）	直接材料	直接人工	制造费用	合计
月	日						
3	31	累计发生					
4	30	本月发生					
	30	累计发生数					
	30	累计间接费用分配率					
	30	完工产品应负担间接费					
	30	本月完工产品成本转出					
	30	完工产品单位成本					

表综 3-5　基本生产成本明细账

批号：103　　　　　　　　　　　投产日期：3月　　　　　　　　　　批量：4件
产品名称：丙产品　　　　　　　　完工日期：6月　　　　　　　　　　金额单位：元

20××年		摘　　要	生产工时（工时）	直接材料	直接人工	制造费用	合计
月	日						
3	31	累计发生					
4	30	本月发生					

第三部分

理论模拟试题

试 卷 1

一、单项选择题

1. 企业应当（　　），确定适合本企业的成本计算方法。
   A. 根据生产特点和管理要求　　　　B. 根据职工人数的多少
   C. 根据生产规模的大小　　　　　　D. 根据生产车间的多少

2. 成本计算的基本方法有（　　）。
   A. 品种法、分批法、分步法　　　　B. 分批法、分步法、分类法
   C. 品种法、分步法、分类法　　　　D. 分类法、定额法、分步法

3. 对在产品数量的日常核算，设置的账簿是指（　　）。
   A. 生产成本明细账　　　　　　　　B. 在产品台账
   C. 制造费用明细账　　　　　　　　D. 原材料明细账

4. 在产品只计算材料成本，适用于（　　）的情况。
   A. 在产品数量不多　　　　　　　　B. 在产品已接近完工
   C. 材料费用占产品成本的比重较大　D. 在产品数量较多

5. 制造费用的费用项目不包括（　　）。
   A. 车间生产工人工资　　　　　　　B. 车间管理人员工资
   C. 车间设备折旧费　　　　　　　　D. 车间照明费

6. 企业福利部门计提的职工福利费应借记的账户是（　　）。
   A. 应付职工薪酬　　　　　　　　　B. 财务费用
   C. 管理费用　　　　　　　　　　　D. 生产成本

7. 辅助生产费用直接分配法的特点是辅助生产费用（　　）。
   A. 直接计入"生产成本——辅助生产成本"科目
   B. 直接分配给所有受益的车间、部门
   C. 直接分配给辅助生产以外的各受益单位
   D. 直接计入辅助生产提供的劳务成本

8. "废品损失"账户月末（　　）。
   A. 可能有借方余额
   B. 可能有贷方余额

C. 没有余额

D. 如果有余额，可能在借方，也可能在贷方

9. 如果某种产品所耗原材料费用在产品成本中所占比重很大，在产品成本的确定可使用的方法是（　　）。

   A. 约当产量法　　　　　　　　　　B. 在产品按年初数固定计价法

   C. 在产品按所耗原材料费用计价法　　D. 在产品按完工产品成本计算法

10. 食品厂在生产一些时令、节令食品时，既可将品种法与分类法结合，又可以将（　　）与分类法结合。

   A. 分批法　　　　B. 分步法　　　　C. 系数法　　　　D. 定额法

11. 机器工时分配法的适用条件是（　　）。

   A. 该生产单位制造费用中折旧费和修理费比重较小

   B. 该生产单位制造费用中折旧费和修理费比重较大

   C. 该生产单位制造费用中管理人员工资比重较小

   D. 该生产单位制造费用中管理人员工资比重较大

12. 采用计划分配率法分配制造费用时，"制造费用"账户（　　）。

   A. 应有借方余额　　　　　　　　　　B. 应有贷方余额

   C. 只有年末有借方余额　　　　　　　D. 年末差额分配结转后，应无余额

13. 辅助生产费用的分配方法有（　　）。

   A. 机器工时比例法　　　　　　　　　B. 生产工人工资比例法

   C. 生产工时比例法　　　　　　　　　D. 代数分配法

14. 不计算在产品成本法的适用范围是（　　）。

   A. 在产品数量较大，且各月数量变化不大

   B. 在产品数量较小，且各月数量变化不大

   C. 材料费用占产品成本的比重较大

   D. 在产品已接近完工

15. 产品成本计算的分批法，应以（　　）设置成本计算单。

   A. 每种产品　　　B. 每批产品　　　C. 产品类别　　　D. 产品生产步骤

16. 成本还原应从（　　）生产步骤开始。

   A. 第一个　　　　B. 最后一个　　　C. 任意一个　　　D. 中间一个

17. 定额成本是一种（　　）。

   A. 先进企业的平均成本　　　　　　　B. 本企业实际发生的成本

   C. 本企业成本控制的目标　　　　　　D. 本企业确定的计划成本

18. 品种法的特点不包括（　　）。

   A. 以产品品种作为成本核算对象　　　B. 成本计算定期按月进行

   C. 按照产品批别设置明细账　　　　　D. 适用于大量、大批、单步骤生产企业

19. 制造费用的分配方法不包括（　　）。

   A. 生产工时分配法　　　　　　　　　B. 机器工时分配法

C. 定额耗用量比例分配法　　　　　　D. 生产工人工资分配法

20. 下列辅助生产费用分配方法中，分配结果最为准确的是（　　）。
    A. 直接分配法　　　　　　　　　　B. 交互分配法
    C. 代数分配法　　　　　　　　　　D. 计划成本分配法

二、多项选择题

1. 采用计划成本分配法分配辅助生产费用时，辅助生产车间实际发生的费用与按计划成本分配转出的费用之间的差额，（　　）。
    A. 可以再在各辅助生产之间进行分配
    B. 可以再在辅助生产与其他受益单位之间进行分配
    C. 可以再分配给辅助生产以外的各受益单位
    D. 可以全部计入管理费用
    E. 可以不做分配，结转至下月

2. 分配辅助生产费用，贷记"生产成本——辅助生产成本"账户时，对应的借方账户可能有（　　）。
    A. 生产成本——基本生产成本　　　　B. 管理费用
    C. 制造费用　　　　　　　　　　　　D. 销售费用

3. 在确定产品成本计算方法时，应适应（　　）。
    A. 企业生产组织特点　　　　　　　　B. 企业成本管理要求
    C. 企业工艺过程特点　　　　　　　　D. 月末是否有在产品

4. 下列各项中应计入产品成本的费用有（　　）。
    A. 专设销售机构人员的工资　　　　　B. 车间管理人员的工资
    C. 车间生产工人的工资　　　　　　　D. 企业管理部门人员的工资

5. 在分散工作方式下，由厂部成本会计机构进行的成本会计工作有（　　）。
    A. 成本核算　　　　　　　　　　　　B. 成本预测、决策
    C. 成本考核　　　　　　　　　　　　D. 成本分析

6. 逐步结转分步法按照结转的半成品在下一步骤产品成本明细账中的反映方式分为（　　）。
    A. 综合结转法　　　　　　　　　　　B. 按实际成本结转法
    C. 按计划成本结转法　　　　　　　　D. 分项结转法

7. 成本计算的基本方法有（　　）。
    A. 定额法　　　　B. 分步法　　　　C. 分类法　　　　D. 分批法
    E. 品种法

8. 产品成本计算品种法的特点是（　　）。
    A. 分步计算产品成本　　　　　　　　B. 不分步计算产品成本
    C. 分批计算产品成本　　　　　　　　D. 不分批计算产品成本
    E. 只分品种计算产品成本

9. 制造业如果采用分步法计算产品成本，那么作为成本计算对象的生产步骤可以（　　）。

A. 按实际生产步骤设立 B. 将几个车间合并设立
C. 按生产车间设立 D. 在一个车间内按不同生产步骤设立

10. 广义在产品包括（　　）。
A. 尚在各步骤加工的在产品 B. 转入各半成品库准备继续加工的半成品
C. 对外销售的自制半成品 D. 已入库的外购半成品
E. 等待返修的废品

三、判断题

1. 采用在产品按定额成本计价法时，月末在产品的定额成本与实际成本的差异，全部由完工产品成本负担。（　　）

2. 直接分配法、约当产量法、定额比例法等都是完工产品与月末在产品之间分配费用的方法。（　　）

3. 采用约当产量法，测定在产品完工程度的方法有两种：一种是平均计算完工率，即一律按50%作为各工序在产品的完工程度；一种是各工序分别测算完工率。（　　）

4. 定额比例法下，原材料费用按原材料费用的定额工时或原材料定额费用比例分配。（　　）

5. 产品成本计算的辅助方法，一般应与基本方法结合起来使用，而不能单独使用。（　　）

6. 品种法的特点是不要求按产品批别但要求按产品的生产步骤计算成本。（　　）

7. 品种法是以产品品种为成本计算对象，归集生产费用，计算产品成本的一种方法。（　　）

8. 采用分批法计算成本时，如果在一张订单中规定的产品不止一种，还要按照产品的品种划分批别组织生产，计算成本。（　　）

9. 如果同一时期内，在几张订单中规定有相同的产品，还应按订单确定批别分批组织生产，计算成本。（　　）

10. 在小批、单件生产的企业或车间中，如果同一月份投产的产品批数很多，就可以采用简化的分批法计算产品成本。（　　）

四、业务题

1. 某企业A产品的生产由两道工序制成，其原材料分别在两道工序开始时一次投入，各工序单位产品原材料消耗定额和在产品数量等有关资料如下。

工序	原材料消耗定额（元）	月末在产品数量（件）	加工程度（%）
1	480	180	40
2	240	120	80

月初在产品和本月实耗直接材料550 000元；直接人工46 400元；制造费用60 320元；完工产品数量760件。

要求：根据上述资料，按约当产量法计算本月完工产品和月末在产品成本。

2. 某种产品某月部分成本资料如下。

单位：元

成　　本	半成品	直接材料	直接工资	制造费用	成本合计
还原前产成品成本	6 048		2 400	3 700	12 148
本月所产半成品成本		2 600	1 100	1 340	5 040

要求：（1）计算成本还原分配率（保留一位小数）。
　　　（2）对产成品成本中的半成品费用进行成本还原，完成下表。
　　　（3）计算按原始成本项目反映的产品成本（列出算式）。

产品成本还原计算表

单位：元

项　　目	自制半成品	直接材料	直接工资	制造费用	合计
还原前产成品成本					
本月所产半成品成本					
还原分配率					
产成品成本中半成品成本还原					
还原后产成品总成本					

3. 某企业基本生产车间全年计划制造费用为 163 200 元。全年各产品的计划产量为：甲产品 24 000 件，乙产品 18 000 件。单位产品工时定额为：甲产品 4 工时，乙产品 6 工时。11 月份，月初"制造费用"账户贷方余额 150 元；该月实际产量为：甲 1 200 件，乙 1 000 件；该月实际制造费用为 9 100 元。12 月份实际产量为：甲 900 件，乙 800 件，该月实际制造费用为 6 200 元。

要求：（1）计算制造费用年度计划分配率。
　　　（2）计算并结转 11 月份应分配转出的制造费用。
　　　（3）计算并结转 12 月份应分配转出的制造费用，对计划制造费用与实际制造费用差额进行调整。

试　卷　2

一、单项选择题

1. 下列项目应计入产品成本的是（　　）。
A. 管理费用　　　　B. 财务费用　　　　C. 制造费用　　　　D. 产品销售费用
2. 下列支出属于资本性支出的是（　　）。
A. 购入无形资产　　　　　　　　　　B. 支付本期照明用电
C. 购入的印花税票　　　　　　　　　D. 支付利息费用

3. 用来核算企业为生产产品而发生的各项间接费用的账户是（　　）。
   A. 管理费用　　　　B. 间接费用　　　　C. 制造费用　　　　D. 财务费用
4. 将辅助生产车间发生的各项费用直接分配给辅助部门以外受益单位的方法是（　　）。
   A. 计划成本分配法　　B. 直接分配法　　C. 顺序分配法　　D. 代数分配法
5. 生产产品用的生产设备计提的折旧费应计入（　　）。
   A. 基本生产成本　　B. 管理费用　　C. 辅助生产成本　　D. 制造费用
6. 下列辅助生产费用分配方法中，计算结果最准确的是（　　）。
   A. 直接分配法　　B. 计划成本分配法　　C. 交互分配法　　D. 代数分配法
7. 以产品批别为成本计算对象的成本计算方法为（　　）。
   A. 品种法　　　　B. 分步法　　　　C. 分批法　　　　D. 定额法
8. 在各种产品成本计算方法中，必须设置基本生产成本二级账的方法是（　　）。
   A. 简化分批法　　B. 分类法　　C. 定额法　　D. 平行结转法
9. 采用分步法计算产品成本时，基本生产成本明细账的设置应按照（　　）进行。
   A. 生产批别　　　　　　　　B. 生产步骤和产品品种
   C. 生产车间　　　　　　　　D. 成本项目
10. 需要进行成本还原的分步法是（　　）。
    A. 平行结转法　　B. 分项结转法　　C. 综合结转法　　D. 逐步结转法
11. 产品成本计算的辅助方法有（　　）。
    A. 品种法　　　　B. 分步法　　　　C. 分类法　　　　D. 分批法
12. 分批法适用于（　　）。
    A. 小批生产　　B. 大批生产　　C. 大量生产　　D. 多步骤生产
13. 原材料在生产开工时一次投入，月末在产品的投料程度应按（　　）计算。
    A. 100%　　　　　　　　　　B. 50%
    C. 定额耗用量比例　　　　　D. 定额工时比例
14. 企业分配工资费用时，医务、福利人员的工资应计入（　　）账户。
    A. 管理费用　　B. 应付职工薪酬　　C. 生产成本　　D. 制造费用
15. 下列人员工资，应计入产品成本中直接人工项目的是（　　）。
    A. 产品生产工人　　B. 车间管理人员　　C. 厂部管理人员　　D. 专职销售人员
16. 下列各项属于产品成本项目的是（　　）。
    A. 折旧费用　　B. 外购动力和燃料　　C. 直接人工　　D. 期间费用
17. 企业成本报表是（　　）。
    A. 对内报表　　　　　　　　B. 对外报表
    C. 既是对内报表，也是对外报表　　D. 由企业自定
18. 管理上要求分步计算半成品成本时，应采用（　　）。
    A. 分类法　　B. 平行结转分步法　　C. 分批法　　D. 逐步结转分步法
19. 下列成本计算方法中，成本计算期与生产周期一致的是（　　）。
    A. 品种法　　B. 分批法　　C. 逐步结转分步法　　D. 平行结转分步法

20. 根据国家的有关规定，企业可以按照职工工资总额的（　　）提取职工福利费。
A. 10%　　　　　B. 12%　　　　　C. 14%　　　　　D. 16%

二、多项选择题

1. 制造企业生产经营过程中发生的下列哪些支出应计入产品成本（　　）。
A. 直接材料　　　B. 直接人工　　　C. 制造费用　　　D. 管理费用

2. 按规定根据企业福利部门人员工资提取的福利费，应借记（　　）账户，贷记（　　）账户。
A. 应付职工薪酬　B. 管理费用　　　C. 产品销售费用　D. 制造费用

3. 低值易耗品的摊销方法，应根据其价值大小和使用期限，分别采用（　　）。
A. 一次摊销法　　B. 分次摊销法　　C. 五五摊销法　　D. 定期摊销法

4. 计入产品成本的工资费用包括（　　）。
A. 产品生产人员的工资
B. 生产管理人员的工资
C. 按生产工人与生产管理人员工资计提的福利费
D. 职工食堂人员工资

5. 下列方法属于辅助生产费用分配方法的有（　　）。
A. 直接分配法　　B. 交互分配法　　C. 定额比例法　　D. 约当产量法

6. 制造费用的分配方法可以采用（　　）。
A. 生产工时比例法　B. 约当产量法　　C. 计划分配率法　D. 机器工时比例法

7. 成本计算的基本方法有（　　）。
A. 品种法　　　　B. 分批法　　　　C. 分步法　　　　D. 分类法

8. 在简化的分批法下，基本生产成本明细账登记的内容是（　　）。
A. 直接计入成本的费用
B. 完工月份分配结转的直接计入费用
C. 完工月份分配结转的间接计入费用
D. 当月发生的生产工时

9. 制造业产品成本项目一般包括（　　）。
A. 直接材料　　　B. 直接人工　　　C. 外购燃料　　　D. 制造费用

10. 下列成本计算方法一般定期按月进行的是（　　）。
A. 品种法　　　　B. 分批法　　　　C. 分步法　　　　D. 定额耗用量法

三、判断题

1. 分类法是以产品类别为成本计算对象的一种成本计算的基本方法。（　　）
2. 为生产产品发生的间接计入费用不能形成产品成本。（　　）
3. 企业的短期借款利息一般按月预提，预提时借记"财务费用"账户，贷记"预提费用"账户。（　　）
4. 企业固定资产折旧费用应全部计入生产成本。（　　）
5. 成本报表是会计报告的组成部分，是重要的对外报表。（　　）
6. 采用约当产量法计算月末在产品成本时，原材料费用的分配需要考虑投料方式。（　　）
7. 品种法是最基本的成本计算方法。（　　）

8. 品种法的成本计算期与会计报告期一致,与生产周期不一致。   (   )
9. 分步法按照是否需要计算和结转各步骤半成品成本可以分为逐步结转分步法和平行结转分步法两种。   (   )
10. 产品成本还原应从第一步骤开始。   (   )

四、业务题

1. 某企业生产甲、乙两种产品共同耗用原材料17 820千克,每千克5元,产品的投产量分别为甲产品2 550件,乙产品1 000件。每件产品的该种材料消耗定额为:甲产品4千克,乙产品6千克。要求:采用定额耗用量比例法分配甲、乙两种产品的材料费用(要求列出计算过程并编制会计分录)。

2. 某企业有供电和机修两个辅助生产车间,本月供电车间费用为8 900元,机修车间费用为13 900元,其供应的对象和数量如下。

供应对象		供电量(千瓦·时)	机修工时(工时)
辅助生产车间	供电车间		300
	机修车间	2 200	
基本生产车间	甲产品	29 800	1 800
	乙产品	1 600	1 000
企业管理部门		2 000	900
合　　计		35 600	4 000

要求:采用交互分配法分配辅助生产费用。

3. 假定某产品经三道工序加工完成,单位完工产品工时定额为180工时,各道工序单位工时定额分别为:第一道工序90工时,第二道工序72工时,第三道工序18工时。该产品在产品数量为300件,其中第一道工序140件,第二道工序100件,第三道工序60件。计算各道工序完工率及在产品约当产量。

4. 假定某企业生产的甲产品经第一、第二两个车间连续加工完成。原材料在生产开始时一次投入,其他费用随加工进度陆续发生。一车间领用材料加工成半成品A,二车间将直接转入的半成品A加工成产成品甲。各车间的在产品在本步骤的完工程度均为50%。

要求:采用综合结转分步法计算半成品成本和产成品成本,完成下面的表格。

基本生产成本明细账

产品名称：半成品 A　　　　　　　　　　　20××年×月　　　　　　　　　　　单位：元

20××年		凭证号数	摘　　要	直接材料	直接人工	制造费用	合计
月	日						
			月初在产品成本	10 000	2 200	3 300	15 500
			本期发生费用	78 000	16 000	24 000	118 000
			费用合计				
略	略	略	完工半成品成本（500件）				
			完工半成品单位成本				
			月末在产品成本（300件）				

基本生产成本明细账

产品名称：甲产品　　　　　　　　　　　　20××年×月　　　　　　　　　　　单位：元

20××年		凭证号数	摘　　要	自制半成品	直接人工	制造费用	合计
月	日						
			月初在产品成本	20 580	1 820	2 950	25 350
			本期发生费用	90 000	6 200	13 000	109 200
			费用合计				
略	略	略	完工产品成本（750件）				
			完工产品单位成本				
			月末在产品成本（100件）				

第四部分

参考答案

分项目训练参考答案

项目1 训练参考答案

1. 提示：关于成本会计工作的组织分工及职责权限；关于成本预测、决策制度；关于成本定额、成本计划和费用预算编制制度；关于成本报表编制的制度；关于成本核算制度；关于成本控制制度、成本分析、考核制度等。例如，成本会计工作的组织采用集中工作方式；成本会计岗位基本职责包括的内容，日常工作职责包括的内容等。

2. （1）

外购材料：	63 000
外购动力：	3 000
工资：	28 000
折旧费：	2 000
修理费：	500
其他：	2 000
合计：	98 500

（2）

直接材料：	63 000	
直接人工：	20 000	产品成本：89 500
制造费用：	6 500	
管理费用：	9 000	
合计：	98 500	

项目2 训练参考答案

1. 练习直接材料费用的分配

甲产品原材料定额耗用量 = 400×10 = 4 000（千克）

乙产品原材料定额耗用量 = 200×6 = 1 200（千克）

共同耗用材料分配率 = $\dfrac{5\ 720}{4\ 000+1\ 200}$ = 1.10

甲产品应分配的原材料数量=4 000×1.1=4 400（千克）
乙产品应分配的原材料数量=1 200×1.1=1 320（千克）
甲产品应分配的原材料费用=4 400×8=35 200（元）
乙产品应分配的原材料费用=1 320×8=10 560（元）

2. 练习材料费用的分配（一）

丙产品原材料定额耗用量=500×1.2=600（千克）
丁产品原材料定额耗用量=300×1.5=450（千克）

$$共同耗用材料分配率=\frac{42\ 000}{600+450}=40$$

丙产品应分配的原材料费用=600×40=24 000（元）
丁产品应分配的原材料费用=450×40=18 000（元）

表2-2 原材料费用分配表

20××年9月　　　　　　　　　　　　　　　　　金额单位：元

应借账户		成本项目或费用项目	直接计入	分配计入			合计
				定额耗用（千克）	分配率	分配额	
生产成本——基本生产成本	丙产品	直接材料	31 000	600		24 000	55 000
	丁产品	直接材料	12 800	450		18 000	30 800
	小　计		43 800	1 050	40	42 000	85 800
生产成本——辅助生产成本	供电车间	直接材料	2 500				2 500
	供水车间	直接材料	2 000				2 000
	小　计		4 500				4 500
制造费用	基本生产车间	物料消耗	2 600				2 600
管理费用		物料消耗	2 800				2 800
合　计			53 700			42 000	95 700

根据表2-2应填制转账凭证，编制会计分录如下。

```
借：生产成本——基本生产成本——丙产品              55 000
         ——基本生产成本——丁产品              30 800
    生产成本——辅助生产成本——供电车间            2 500
         ——辅助生产成本——供水车间            2 000
    制造费用——基本生产车间                        2 600
    管理费用                                      2 800
    贷：原材料                                          95 700
```

3. 练习材料费用的分配（二）

共同耗用材料费用分配率=151 200÷(80×20+100×12)=54

A产品应分配的材料费用=54×80×20=86 400（元）

B产品应分配的材料费用=54×100×12=64 800（元）

表2-3　原材料费用分配表

20××年×月　　　　　　　　　　　　　　　　　　　　　金额单位：元

应借账户		成本项目或费用项目	直接计入	分配计入			合计
				定额耗用（千克）	分配率	分配额	
生产成本——基本生产成本	A产品	直接材料	23 000	1 600		86 400	109 400
	B产品	直接材料	36 000	1 200		64 800	100 800
	小　计		59 000	2 800	54	151 200	210 200
生产成本——辅助生产成本		直接材料	5 300				5 300
制造费用	基本生产车间	物料消耗	2 800				2 800
管理费用		物料消耗	2 000				2 000
合　计			69 100			151 200	220 300

根据表2-3编制会计分录如下。

借：生产成本——基本生产成本——A产品　　　　　　　　　　109 400
　　　　　　——基本生产成本——B产品　　　　　　　　　　100 800
　　生产成本——辅助生产成本　　　　　　　　　　　　　　　　5 300
　　制造费用——基本生产车间　　　　　　　　　　　　　　　　2 800
　　管理费用　　　　　　　　　　　　　　　　　　　　　　　　2 000
　　贷：原材料　　　　　　　　　　　　　　　　　　　　　　220 300

4. 练习燃料费用的分配

燃料费用分配率=12 000÷(300+200)=24

101#产品应负担的燃料费用=24×300=7 200（元）

102#产品应负担的燃料费用=24×200=4 800（元）

借：生产成本——基本生产成本——101#　　　　　　　　　　　7 200
　　　　　　——基本生产成本——102#　　　　　　　　　　　4 800
　　贷：燃料（或原材料）　　　　　　　　　　　　　　　　　12 000

5. 练习外购动力费的分配

共同耗用动力分配率=8 500÷(1 500+2 500)=2.125

101#产品应分配的动力数=2.125×1 500=3 187.5（千瓦·时）

102#产品应分配的动力数=2.125×2 500=5 312.5（千瓦·时）

表 2-4 外购动力费分配表

20××年6月　　　　　　　　　　　　　　　　　　　　金额单位：元

应借账户		成本项目或费用项目	耗用电量分配			电费单价[元/(千瓦·时)]	分配金额
			生产工时（工时）	分配率	分配电量（千瓦·时）		
生产成本——基本生产成本	101#产品	燃料及动力	1 500		3 187.5		2 741.25
	102#产品	燃料及动力	2 500		5 312.5		4 568.75
	小　计		4 000	2.125	8 500		7 310
生产成本——辅助生产成本		燃料及动力			2 300		1 978
制造费用	基本生产车间	电费			600		516
管理费用					1 500		1 290
合　计					12 900	0.86	11 094

根据表 2-4 填制转账凭证，编制会计分录如下。

借：生产成本——基本生产成本——101#产品　　　　　　　　　　　2 741.25
　　　　　　——基本生产成本——102#产品　　　　　　　　　　　4 568.75
　　生产成本——辅助生产成本　　　　　　　　　　　　　　　　　1 978
　　制造费用——基本生产车间——电费　　　　　　　　　　　　　516
　　管理费用　　　　　　　　　　　　　　　　　　　　　　　　　1 290
　　贷：应付账款　　　　　　　　　　　　　　　　　　　　　　　11 094

6. 练习直接人工费用的分配

共同负担工资费用分配率 = 53 000÷(1 500+2 500) = 13.25（元/工时）

101#产品应分配的工资费用 = 13.25×1 500 = 19 875（元）

102#产品应分配的工资费用 = 13.25×2 500 = 33 125（元）

表 2-5 职工薪酬（工资）费用分配表

金额单位：元

应借账户		产品成本或费用项目	生产工时（工时）	分配率（元/工时）	应分配工资费用
生产成本——基本生产成本	101#产品	直接人工	1 500		19 875
	102#产品	直接人工	2 500		33 125
	小　计		4 000	13.25	53 000
生产成本——辅助生产成本		直接人工			5 500
制造费用	基本生产车间	工资费用			7 500
管理费用		工资费用			10 000
合　计					76 000

根据表 2-5 编制会计分录如下。

借：生产成本——基本生产成本——101#产品　　　　　　　　　　19 875
　　　　　　——基本生产成本——102#产品　　　　　　　　　　33 125
　　生产成本——辅助生产成本　　　　　　　　　　　　　　　　　5 500
　　制造费用——基本生产车间——工资费用　　　　　　　　　　　7 500
　　管理费用　　　　　　　　　　　　　　　　　　　　　　　　　10 000
　　　贷：应付职工薪酬——职工工资　　　　　　　　　　　　　　76 000

7. 练习辅助生产费用的分配（一）

计算过程如下。

（1）直接分配法。

运输车间费用分配率 = 27 500÷5 000 = 5.5 [元/(吨·千米)]
基本生产车间负担的运输费用 = 2 600×5.5 = 14 300（元）
行政管理部门负担的运输费用 = 2 400×5.5 = 13 200（元）
供热车间费用分配率 = 78 000÷3 200 = 24.375（元/立方）
基本生产车间负担的供热费用 = 2 000×24.375 = 48 750（元）
行政管理部门负担的供热费用 = 1 200×24.375 = 29 250（元）

根据计算结果，编制"辅助生产费用分配表（直接分配法）"，如表 2-7 所示。

表 2-7　辅助生产费用分配表（直接分配法）

20××年 3 月　　　　　　　　　　　　　　金额单位：元

项目	数量及金额	辅助车间	运输车间 [元/(吨·千米)]	供热车间 （元/立方）	合计
待分配的辅助生产费用			27 500	78 000	105 500
提供给辅助车间以外的劳务量			5 000	3 200	
费用分配率			5.5	24.375	
受益单位	基本生产车间	受益数量	2 600	2 000	
		应分配费用	14 300	48 750	63 050
	行政管理部门	受益数量	2 400	1 200	
		应分配费用	13 200	29 250	42 450
分配金额合计			27 500	78 000	105 500

根据表 2-7 编制会计分录如下。

借：制造费用——基本生产车间　　　　　　　　　　　　　　　　63 050
　　管理费用　　　　　　　　　　　　　　　　　　　　　　　　　42 450
　　　贷：生产成本——辅助生产成本——运输车间　　　　　　　　27 500
　　　　　　　　　——辅助生产成本——供热车间　　　　　　　　78 000

（2）交互分配法。

① 交互分配计算。

运输车间交互分配率=27 500÷5 500=5［元/（吨·千米）］

供热车间交互分配率=78 000÷4 000=19.50（元/工时）

运输车间应负担的供热费=800×19.50=15 600（元）

供热车间应负担的运输费=500×5=2 500（元）

② 对外分配，即在辅助车间以外的各受益单位之间的分配。

交互分配后运输车间实际费用=27 500+15 600-2 500=40 600（元）

交互分配后供热车间实际费用=78 000+2 500-15 600=64 900（元）

运输车间费用分配率=40 600÷5 000=8.12［元/（吨·千米）］

供热车间费用分配率=64 900÷3 200=20.28（元/工时）

基本生产车间应负担的运输费=2 600×8.12=21 112（元）

行政管理部门应负担的运输费=2 400×8.12=19 488（元）

基本生产车间应负担的供热费=2 000×20.28=40 560（元）

行政管理部门应负担的供热费=64 900-40 560=24 340（元）

根据计算结果编制辅助生产费用分配表（交互分配法），如表2-8所示。

表2-8 辅助生产费用分配表（交互分配法）

20××年3月　　　　　　　　　　　　　　　　　金额单位：元

项　　目			交互分配		对外分配		
辅助生产车间名称			运输	供热	运输	供热	合计
待分配辅助生产费用			27 500	78 000	40 600	64 900	105 500
提供劳务总量			5 500	4 000	5 000	3 200	
费用分配率			5	19.50	8.12	20.28	
各受益单位及部门	辅助生产部门	运输车间 受益数量		800			
		运输车间 应分配金额		15 600			
		供热车间 受益数量	500				
		供热车间 应分配金额	2 500				
	基本生产车间	受益数量			2 600	2 000	
		应分配金额			21 112	40 560	61 672
	行政管理部门	受益数量			2 400	1 200	
		应分配金额			19 488	24 340	43 828
对外分配金额合计					40 600	64 900	105 500

根据表2-8编制转账凭证，编制会计分录如下。

交互分配编制会计分录为：

　　借：生产成本——辅助生产成本——运输车间　　　　　　　　　　　　15 600

　　　　贷：生产成本——辅助生产成本——供热车间　　　　　　　　　　　　15 600

借：生产成本——辅助生产成本——供热车间　　　　　　　　　　　　　　2 500
　　贷：生产成本——辅助生产成本——运输车间　　　　　　　　　　　　　　2 500
对外分配编制会计分录为：
借：制造费用——基本生产车间　　　　　　　　　　　　　　　　　　　　61 672
　　管理费用　　　　　　　　　　　　　　　　　　　　　　　　　　　　43 828
　　贷：生产成本——辅助生产成本——运输车间　　　　　　　　　　　　　40 600
　　　　　　　　　　——辅助生产成本——供热车间　　　　　　　　　　　64 900

（3）顺序分配法。

供热车间费用分配率 = 78 000 ÷ 4 000 = 19.5（元/工时）
运输车间应负担的供热费 = 800 × 19.5 = 15 600（元）
基本生产车间应负担的供热费 = 2 000 × 19.5 = 39 000（元）
行政管理部门应负担的供热费 = 1 200 × 19.5 = 23 400（元）
运输车间费用分配率 =（27 500 + 15 600）÷ 5 000 = 8.62[元/(吨·千米)]
基本生产车间应负担的运输费 = 2 600 × 8.62 = 22 412（元）
行政管理部门应负担的运输费 = 2 400 × 8.62 = 20 688（元）

根据计算结果，编制辅助生产费用分配表（顺序分配法），如表 2-9 所示。

表 2-9　辅助生产费用分配表（顺序分配法）

20××年3月　　　　　　　　　　　　　　　　　　　　金额单位：元

项目			供热车间	运输车间	合计
提供劳务总量			4 000	5 500	
可直接分配的辅助费用			78 000	27 500	105 500
辅助生产车间	供热车间	提供劳务量	4 000		
		待分配费用	78 000		
		分配率	19.5		
	运输车间	提供劳务量		5 000	
		待分配费用		43 100	
		分配率		8.62	
受益单位	运输车间	耗用数量	800		
		分配金额	15 600		15 600
	基本生产车间	耗用数量	2 000	2 600	
		分配金额	39 000	22 412	61 412
	行政管理部门	耗用数量	1 200	2 400	
		分配金额	23 400	20 688	44 088
合计			78 000	43 100	121 100

根据表2-9编制会计分录如下。

借：生产成本——辅助生产成本——运输车间　　　　　　　　　15 600
　　　制造费用——基本生产车间　　　　　　　　　　　　　　　61 412
　　　管理费用　　　　　　　　　　　　　　　　　　　　　　　44 088
　　贷：生产成本——辅助生产成本——运输车间　　　　　　　　43 100
　　　　　　　　——辅助生产成本——供热车间　　　　　　　　78 000

8. 练习辅助生产费用的分配（二）

计算过程如下。

（1）计划成本分配法。

① 按计划成本分配法分别计算各车间、部门用水、用电的计划成本。

供电车间用水的计划成本 = 2 000×3.3 = 6 600（元）

基本生产车间用水的计划成本 = 5 500×3.3 = 18 150（元）

行政管理部门用水的计划成本 = 1 500×3.3 = 4 950（元）

供水车间用电的计划成本 = 4 000×0.7 = 2 800（元）

基本生产车间用电的计划成本 = 30 000×0.7 = 21 000（元）

行政管理部门用电的计划成本 = 6 000×0.7 = 4 200（元）

② 分别计算供水、供电的计划总成本。

供水的计划总成本 = 9 000×3.3 = 29 700（元）

供电的计划总成本 = 40 000×0.7 = 28 000（元）

③ 分别计算供水、供电的实际总成本。

供水的实际总成本 = 21 000+2 800 = 23 800（元）

供电的实际总成本 = 24 800+6 600 = 31 400（元）

④ 分别计算供水、供电的成本差异并进行差异分配。

供水的成本差异 = 23 800-29 700 = -5 900（元）

供电的成本差异 = 31 400-28 000 = 3 400（元）

供水的成本差异率 = -5 900÷7 000 = -0.842 9

基本生产车间分摊用水的成本差异 = 5 500×（-0.842 9） = -4 635.95（元）

行政管理部门分摊用水的成本差异 = -5 900-（-4 635.95） = -1 264.05（元）

供电的成本差异率 = 3 400÷36 000 = 0.094 4

基本生产车间分摊用电的成本差异 = 30 000×0.094 4 = 2 832（元）

行政管理部门分摊用电的成本差异 = 3 400-2 832 = 568（元）

表2-11　辅助生产费用分配表（计划成本分配法）

20××年5月　　　　　　　　　　　　　　　　　　　　　金额单位：元

项目	辅助车间	供水车间		供电车间		合计
		劳务量	费用	劳务量	费用	
待分配费用			21 000		24 800	45 800

续表

项目				辅助车间 供水车间		供电车间		合计
				劳务量	费用	劳务量	费用	
计划成本分配		计划单位成本			3.3		0.7	
	受益单位	辅助生产车间	供水车间			4 000	2 800	2 800
			供电车间	2 000	6 600			6 600
			小计		6 600		2 800	9 400
		基本生产车间		5 500	18 150	30 000	21 000	39 150
		行政管理部门		1 500	4 950	6 000	4 200	9 150
	按计划成本分配合计				29 700		28 000	57 700
	辅助生产实际成本				23 800		31 400	55 200
成本差异分配	待分配成本差异				-5 900		3 400	-2 500
	成本差异分配率				-0.842 9		0.094 4	
	受益单位	基本生产车间		5 500	-4 635.95	30 000	2 832	-1 803.95
		行政管理部门		1 500	-1 264.05	6 000	568	-696.05
	成本差异分配合计				-5 900		3 400	-2 500

根据表2-11编制会计分录如下。
按计划成本分配编制会计分录为：
借：生产成本——辅助生产成本——供水车间　　　　　　　　　2 800
　　　　——辅助生产成本——供电车间　　　　　　　　　　　6 600
　　制造费用——基本生产车间　　　　　　　　　　　　　　　39 150
　　管理费用　　　　　　　　　　　　　　　　　　　　　　　9 150
　　贷：生产成本——辅助生产成本——供水车间　　　　　　　29 700
　　　　　——辅助生产成本——供电车间　　　　　　　　　　28 000
成本差异分配编制会计分录为。
借：制造费用——基本生产车间　　　　　　　　　　　　　　　1 803.95
　　管理费用　　　　　　　　　　　　　　　　　　　　　　　696.05
　　贷：生产成本——辅助生产成本——供水车间　　　　　　　5 900
　　　　　——辅助生产成本——供电车间　　　　　　　　　　3 400

（2）代数分配法。
假设供水车间每吨水的单位成本为x，供电车间每度电的成本y，建立方程为

$$\begin{cases} 21\ 000+4\ 000y=9\ 000x \\ 24\ 800+2\ 000x=40\ 000y \end{cases}$$

解得：$x \approx 2.668\ 2$，$y \approx 0.753\ 4$

根据计算结果，编制辅助生产费用分配表（代数分配法），如表2-12所示。

表2-12 辅助生产费用分配表（代数分配法）

20××年5月　　　　　　　　　　　　　　　　　　　金额单位：元

项目			供水车间	供电车间	合计
待分配费用			21 000	24 800	45 800
提供劳务总量			9 000	40 000	
费用分配率（单位成本）			2.668 2	0.753 4	
受益单位	辅助生产车间	供水车间 耗用数量		4 000	
		供水车间 分配金额		3 013.6	3 013.6
		供电车间 耗用数量	2 000		
		供电车间 分配金额	5 336.4		5 336.4
		分配金额小计	5 336.4	3 013.6	8 350
	基本生产车间	耗用数量	5 500	30 000	
		分配金额	14 675.1	22 602	37 277.1
	行政管理部门	耗用数量	1 500	6 000	
		分配金额	4 002.3	4 520.4	8 522.7
分配金额合计			24 013.8	30 136	54 149.8

根据表2-12编制转账凭证，编制会计分录如下。

借：生产成本——辅助生产成本——供水车间　　　　　　3 013.6
　　　　　　——辅助生产成本——供电车间　　　　　　5 336.4
　　制造费用——基本生产车间　　　　　　　　　　　　37 277.1
　　管理费用　　　　　　　　　　　　　　　　　　　　8 522.7
　　贷：生产成本——辅助生产成本——供水车间　　　　24 013.8
　　　　　　　　——辅助生产成本——供电车间　　　　30 136

9. 练习按生产工时比例分配制造费用

制造费用分配率=40 000÷(4 500+5 500)=4

A产品应负担的制造费用=4 500×4=18 000（元）

B产品应负担的制造费用=5 500×4=22 000（元）

10. 练习按年度计划分配率法分配制造费用

计算过程：

① 计算制造费用年度计划分配率。

A产品年度计划产品的定额工时=1 500×4=6 000（工时）

B产品年度计划产品的定额工时=1 350×6=8 100（工时）

年度计划分配率=81 780÷(6 000+8 100)=5.8

② 7月份应分配转出的制造费用。

A 产品 7 月份实际产量的定额工时＝300×4＝1 200（工时）
B 产品 7 月份实际产量的定额工时＝200×6＝1 200（工时）
本月 A 产品应负担的制造费用＝1 200×5.8＝6 960（元）
本月 B 产品应负担的制造费用＝1 200×5.8＝6 960（元）
本月应转出的制造费用＝6 960+6 960＝13 920（元）
③ 编制制造费用分配的会计分录。

借：生产成本——基本生产成本——A 产品　　　　　　　　　　　　6 960
　　　　　——基本生产成本——B 产品　　　　　　　　　　　　6 960
　　贷：制造费用——基本生产车间　　　　　　　　　　　　　　　13 920

11. 练习计算不可修复废品成本

表 2-13　不可修复废品损失计算表

（废品按实际成本计算废品损失）

生产车间：×基本生产车间
产品名称：丁产品　　　　　　　20××年×月×日　　　　　　　金额单位：元

项　目	产量（件）	直接材料	生产工时（工时）	直接人工	制造费用	成本合计
生产费用	200	50 000	6 000	24 000	18 000	92 000
分配率		250		4	3	
废品成本	20	5 000	600	2 400	1 800	9 200
残料收回		800				800
废品损失		4 200		2 400	1 800	8 400

根据表 2-13，编制会计分录如下：
① 结转废品生产成本编制会计分录。

借：废品损失——丁产品　　　　　　　　　　　　　　　　　　　　9 200
　　贷：生产成本——基本生产成本——丁产品　　　　　　　　　　　9 200

② 回收残料入库编制会计分录。

借：原材料　　　　　　　　　　　　　　　　　　　　　　　　　　800
　　贷：废品损失——丁产品　　　　　　　　　　　　　　　　　　　800

③ 将废品净损失转入合格品成本的会计分录。

借：生产成本——基本生产成本——丁产品　　　　　　　　　　　　8 400
　　贷：废品损失——丁产品　　　　　　　　　　　　　　　　　　　8 400

12. 练习可修复废品和不可修复废品成本的计算

① 计算结果。

可修复废品成本＝1 200+580+400＝2 180（元）
不可修复废品成本＝50×30+350×5+350×4＝4 650（元）

② 发生可修复废品成本 2 180 元。

借：废品损失——D 产品　　　　　　　　　　　　　　　　　　　　2 180

　　　　贷：生产成本——基本生产成本——D 产品（可修复）　　　　2 180
发生不可修复废品损失 4 650 元
　　借：废品损失——D 产品　　　　4 650
　　　　贷：生产成本——基本生产成本——D 产品（不可修复）　　　　4 650
③ 残料入库。
　　借：原材料　　　　1 100
　　　　贷：废品损失——D 产品　　　　1 100
④ 结转废品净损失。
　　借：生产成本——基本生产成本——D 产品　　　　5 730
　　　　贷：废品损失——D 产品　　　　5 730

项目 3　训练参考答案

1. 练习在产品成本按所耗材料费用计算

单位产品所耗原材料费用 = (2 400+10 500) ÷ (200+100) = 43
月末在产品成本 = 100×43 = 4 300（元）
完工产品的材料费用 = 200×43 = 8 600（元）
根据计算结果编制产品成本计算单，如表 3-1 所示。

表 3-1　产品成本计算单（在产品按所耗原材料费用计价法）

产品名称：201#产品　　　　　　　　　　　　　　　　　　　　金额单位：元

项　　目	成　本　项　目			
	直接材料	直接人工	制造费用	合　　计
月初在产品成本	2 400			2 400
本月发生的生产费用	10 500	3 200	2 800	16 500
生产费用合计	12 900	3 200	2 800	18 900
完工产品成本（200 件）	8 600	3 200	2 800	14 600
单位成本（元/件）	43	16	14	73
月末在产品成本（100 件）	4 300			4 300

2. 练习计算在产品约当产量

计算乙产品月末在产品加工程度及约当产量并编制各工序在产品完工程度及在产品的约当产量计算表，如表 3-2 所示。

第一道工序在产品完工程度 = $\frac{40 \times 50\%}{100}$ × 100% = 20%

第二道工序在产品完工程度 = $\frac{40+60 \times 50\%}{100}$ × 100% = 70%

第一道工序月末在产品约当产量 = 50×20% = 10（件）
第二道工序月末在产品约当产量 = 100×70% = 70（件）

表 3-2　各工序在产品完工程度及在产品的约当产量计算表

工序	月末在产品数量（件）	工时定额（工时）	完工率（程度）（%）	在产品约当产量（件）
1	50	40	20	10
2	100	60	70	70
合计	150	100		80

3. 练习按约当产量法计算在产品成本（一）

计算结果：

（1）编制本月丙产品各工序在产品约当产量计算表。

表 3-4　丙产品各工序在产品约当产量计算表

工序	月末在产品数量（件）	完工程度（%）	在产品约当产量（件）
1	400	30	120
2	100	80	80
合计	500		200

（2）用约当产量法分配计算完工产品与月末在产品的成本，并编制成本计算单，如表 3-5 所示。

丙产品直接材料费用分配率 $= \dfrac{64\ 500}{1\ 000+500} = 43$

丙产品月末在产品应负担材料费用 $= 500 \times 43 = 21\ 500$（元）

丙产品完工产品应负担材料费用 $= 1\ 000 \times 43 = 43\ 000$（元）

丙产品直接人工费用分配率 $= \dfrac{37\ 200}{1\ 000+200} = 31$

丙产品月末在产品应负担人工费用 $= 200 \times 31 = 6\ 200$（元）

丙产品完工产品应负担人工费用 $= 1\ 000 \times 31 = 31\ 000$（元）

丙产品制造费用分配率 $= \dfrac{21\ 000}{1\ 000+200} = 17.5$

丙产品月末在产品应负担制造费用 $= 200 \times 17.5 = 3\ 500$（元）

丙产品完工产品应负担制造费用 $= 1\ 000 \times 17.5 = 17\ 500$（元）

表 3-5　产品成本计算单（按约当产量法计算在产品成本）

产品名称：丙产品　　　　　　　　　　　　　　　　　　　　　　　　金额单位：元

项　目	成　本　项　目			
	直接材料	直接人工	制造费用	合　计
月初在产品费用	14 500	5 200	5 000	24 700
本月发生生产费用	50 000	32 000	16 000	98 000
合　　计	64 500	37 200	21 000	122 700

续表

项　目	成　本　项　目			
	直接材料	直接人工	制造费用	合　计
月末在产品约当产量	500	200	200	
完工产品数量	1 000	1 000	1 000	
约当产量合计	1 500	1 200	1 200	
费用分配率	43	31	17.5	91.5
完工产品成本	43 000	31 000	17 500	91 500
月末在产品成本	21 500	6 200	3 500	31 200

（3）结转完工入库产品的会计分录如下。

借：库存商品——丙产品　　　　　　　　　　　　　　　91 500
　　贷：生产成本——基本生产成本——丙产品　　　　　　　　91 500

4. 练习按约当产量法计算在产品成本（二）

计算过程：

（1）按材料消耗定额计算各道工序在产品的完工率及在产品约当产量。

第一道工序在产品完工率=（20÷50）×100%=40%

第二道工序在产品完工率=（20+30）÷50×100%=100%

第一道工序在产品约当产量=400×40%=160（件）

第二道工序在产品约当产量=200×100%=200（件）

在产品约当产量合计=160+200=360（件）

（2）按工时定额计算各道工序在产品的完工率及在产品约当产量。

第一道工序在产品完工率=（20×50%÷50）×100%=20%

第二道工序在产品完工率=（20+30×50%）÷50×100%=70%

第一道工序在产品约当产量=400×20%=80（件）

第二道工序在产品约当产量=200×70%=140（件）

在产品约当产量合计=80+140=220（件）

（3）将各项生产费用在完工产品与月末在产品之间进行分配，编制产品成本计算单。

直接材料费用分配率=272 000÷（1 000+360）=200

完工产品应负担的材料费用=1 000×200=200 000（元）

在产品应负担的材料费用=360×200=72 000（元）

直接人工费用分配率=18 300÷（1 000+220）=15

完工产品应负担的人工费用=1 000×15=15 000（元）

在产品应负担的人工费用=220×15=3 300（元）

制造费用分配率=24 400÷（1 000+220）=20

完工产品应负担的制造费用=1 000×20=20 000（元）

在产品应负担的制造费用=220×20=4 400（元）

完工产品总成本 = 200 000 + 15 000 + 20 000 = 235 000（元）

在产品总成本 = 72 000 + 3 300 + 4 400 = 79 700（元）

表 3-6 产品成本计算单（按约当产量法计算在产品成本）

产品名称：202#产品　　　　　　　　　　　　　　　　　　　　　　　金额单位：元

项　目	成　本　项　目			
	直接材料	直接人工	制造费用	合　计
月初在产品及本月发生费用	272 000	18 300	24 400	314 700
合　计	272 000	18 300	24 400	314 700
月末在产品约当产量	360	220	220	
完工产品数量	1 000	1 000	1 000	1 000
约当产量合计	1 360	1 220	1 220	
费用分配率	200	15	20	235
完工产品成本	200 000	15 000	20 000	235 000
月末在产品成本	72 000	3 300	4 400	79 700

5. 练习按定额成本法计算在产品成本

计算过程：

（1）计算在产品直接材料定额成本。

在产品直接材料定额成本 = 300×48×2 = 28 800（元）

（2）计算在产品定额工时。

在产品定额工时 = 300×2.5×50% = 375（工时）

（3）计算在产品直接人工定额成本和在产品制造费用定额成本，并编制月末在产品定额成本计算表，如表 3-8 所示。

在产品直接人工定额成本 = 375×5 = 1 875（元）

在产品制造费用定额成本 = 375×10 = 3 750（元）

在产品定额成本合计 = 28 800 + 1 875 + 3 750 = 34 425（元）

表 3-8 月末在产品定额成本计算表

金额单位：元

项目	在产品数量（件）	定额材料费用	在产品定额工时	直接人工	制造费用	定额成本合计
定额费用	300	28 800	375	1 875	3 750	34 425
合计	300	28 800		1 875	3 750	34 425

(4) 计算完工产品成本并编制产品成本计算单，如表 3-9 所示。

表 3-9 产品成本计算单（在产品按定额成本计价法）

产品名称：103#产品　　　　　　　　　　　　　　　　　　　　　　　　　单位：元

项　　目	成本项目			
	直接材料	直接人工	制造费用	合计
月初在产品成本	30 000	1 800	3 600	35 400
本月发生的生产费用	105 000	15 000	30 000	150 000
本月生产费用合计	135 000	16 800	33 600	185 400
月末在产品定额成本	28 800	1 875	3 750	34 425
本月完工产品成本	106 200	14 925	29 850	150 975

6. 练习按定额比例法计算在产品成本

计算过程：

（1）计算完工产品和月末在产品定额材料费用和定额工时。

完工产品定额材料费用 = 1 280×100 = 128 000（元）

月末在产品定额材料费用 = 320×100 = 32 000（元）

完工产品定额工时 = 1 280×2 = 2 560（工时）

月末在产品定额工时 = 320×1 = 320（工时）

（2）分成本项目计算完工成本与月末在产品成本。

直接材料费用分配率 =（32 000+112 000）÷（128 000+32 000）= 0.9

完工产品应分配直接材料 = 128 000×0.9 = 115 200（元）

月末在产品应分配直接材料 = 32 000×0.9 = 28 800（元）

直接人工费用分配率 =（4 000+17 600）÷（2 560+320）= 7.5

完工产品应分配直接人工 = 2 560×7.5 = 19 200（元）

月末在产品分配直接人工 = 320×5.7 = 2 400（元）

制造费用分配率 =（8 000+35 200）÷（2 560+320）= 15

完工产品应分配制造费用 = 2 560×15 = 38 400（元）

月末在产品分配制造费用 = 320×15 = 4 800（元）

（3）计算本月完工产品及月末在产品成本，编制产品成本计算单，如表 3-11 所示。

表 3-11 B 产品成本计算单（定额比例法）

　　　　　　　　　　　　　　　　　　　　　　　　　　　　　　　　金额单位：元

项　　目	成　本　项　目			
	直接材料	直接人工	制造费用	合　计
月初在产品成本	32 000	4 000	8 000	44 000
本月发生的生产费用	112 000	17 600	35 200	164 800
生产费用合计	144 000	21 600	43 200	208 800

续表

项 目		成 本 项 目			
		直接材料	直接人工	制造费用	合 计
定额材料费用、定额工时	完工产品	128 000	2 560	2 560	
	月末在产品	32 000	320	320	
费用分配率		0.9	7.5	15	
完工产品成本		115 200	19 200	38 400	172 800
月末在产品成本		28 800	2 400	4 800	36 000

项目 4 训练参考答案

1. 练习产品成本计算方法——品种法

(1) 略。

(2) 根据资料进行费用分配和成本计算,编制产品成本计算单及相关会计分录。

① 分配材料费用。

首先,对甲、乙两种产品共同耗用的材料费 30 000 元进行分配,分配标准是甲、乙两种产品的直接消耗材料比例(30 000∶60 000)

分配率=30 000÷(30 000+60 000)= 1/3

甲产品应负担的部分=30 000×1/3 = 10 000(元)

乙产品应负担的部分=60 000×1/3 = 20 000(元)

甲产品负担的材料费=30 000+10 000 = 40 000(元)

乙产品负担的材料费=60 000+20 000 = 80 000(元)

根据有关原始凭证,编制材料费用分配表,如表 4-3 所示。

表 4-3 材料费用分配表

20××年 4 月　　　　　　　　　　　　　　　　　　　单位:元

应借账户		成本项目或费用项目	原材料	合计
生产成本——基本生产成本	甲产品	直接材料	40 000	40 000
	乙产品	直接材料	80 000	80 000
	小　计		120 000	120 000
制造费用	基本生产车间	机物料消耗	15 000	15 000
生产成本——辅助生产成本	供电车间	直接材料	750	750
	锅炉车间	直接材料	1 500	1 500
管理费用		机物料消耗	900	900
合　计			138 150	138 150

编制会计分录如下。

```
借：生产成本——基本生产成本——甲产品          40 000
                            ——乙产品          80 000
    制造费用——基本生产车间                    15 000
    生产成本——辅助生产成本——供电车间          750
                            ——锅炉车间        1 500
    管理费用——办公费                            900
    贷：原材料                                138 150
```

② 分配工资费用。

根据甲、乙产品的实际生产工时（分别为 60 000 工时、30 000 工时），分配生产工人工资：

分配率 = 108 000÷(60 000+30 000) = 1.2

甲产品应负担的工资费用 = 60 000×1.2 = 72 000（元）

乙产品应负担的工资费用 = 30 000×1.2 = 36 000（元）

根据职工工资汇总表等有关原始凭证，编制职工工资费用分配表，如表 4-4 所示。

表 4-4 职工工资费用分配表

20××年 4 月　　　　　　　　　　　　　　　　　金额单位：元

应借账户			分配标准（生产工时）	分配率	应付工资	合计
总账账户	明细账户	成本或费用项目				
生产成本——基本生产成本	甲产品	直接工资	60 000	1.2	72 000	72 000
	乙产品	直接工资	30 000	1.2	36 000	36 000
	小　计		90 000		108 000	108 000
生产成本——辅助生产成本	供电车间	职工工资			22 500	22 500
	锅炉车间	职工工资			15 000	15 000
	小　计				37 500	37 500
制造费用	基本生产车间	职工工资			18 000	18 000
管理费用	管理部门	职工工资			34 500	34 500
合　计					198 000	198 000

编制会计分录如下。

```
借：生产成本——基本生产成本——甲产品          72 000
                            ——乙产品          36 000
    制造费用——基本生产车间                    18 000
    生产成本——辅助生产成本——供电车间       22 500
                            ——锅炉车间        15 000
    管理费用——职工工资                        34 500
    贷：应付职工薪酬——职工工资              198 000
```

③ 根据折旧费用发生情况,编制会计分录如下。

借:制造费用——基本生产车间　　　　　　　　　　　　　　　45 000
　　生产成本——辅助生产成本——供电车间　　　　　　　　　15 000
　　　　　　　　　　　　　　——锅炉车间　　　　　　　　　 1 500
　　管理费用　　　　　　　　　　　　　　　　　　　　　　　13 500
　　贷:累计折旧　　　　　　　　　　　　　　　　　　　　　　　　　75 000

④ 用银行存款支付其他费用,编制会计分录如下。

借:制造费用——基本生产车间　　　　　　　　　　　　　　　22 500
　　生产成本——辅助生产成本——供电车间　　　　　　　　　 7 500
　　　　　　　　　　　　　　——锅炉车间　　　　　　　　　 3 000
　　管理费用　　　　　　　　　　　　　　　　　　　　　　　 9 000
　　贷:银行存款　　　　　　　　　　　　　　　　　　　　　　　　　42 000

⑤ a. 根据上述各种费用分配情况,登记辅助生产成本明细账,如表 4-5 和表 4-6 所示。

表 4-5　辅助生产成本明细账

车间名称:供电车间　　　　　　　　　　　　　　　　　　　　　　　　　　　　　单位:元

20××年		摘　要	材料费	职工工资	折旧费	水费及其他	合计
月	日						
4	30	材料费用分配表	750				750
	30	工资费用分配表		22 500			22 500
	30	折旧费用			15 000		15 000
	30	用银行存款支付费用				7 500	7 500
	30	合计	750	22 500	15 000	7 500	45 750
	30	本月转出额	750	22 500	15 000	7 500	45 750

表 4-6　辅助生产成本明细账

车间名称:锅炉车间　　　　　　　　　　　　　　　　　　　　　　　　　　　　　单位:元

20××年		摘　要	材料费	职工薪酬	折旧费	水费及其他	合计
月	日						
4	30	材料费用分配表	1 500				1 500
	30	薪酬费用分配表		15 000			15 000
	30	折旧费用			1 500		1 500
	30	用银行存款支付费用				3 000	3 000
	30	合计	1 500	15 000	1 500	3 000	21 000
	30	本月转出额	1 500	15 000	1 500	3 000	21 000

b. 根据辅助生产成本明细账及供电车间和锅炉车间提供劳务情况,用直接分配法分配

辅助生产费用，如表 4-7 所示。

表 4-7 辅助生产费用分配表

20××年 4 月　　　　　　　　　　　　　　　　金额单位：元

项　目		供电车间	锅炉车间	合计
待分配辅助生产费用		45 750	21 000	66 750
供应辅助生产以外的劳务数量		40 500 千瓦·时	21 000 立方米	
分配率		1.129 6	1	
产品生产	耗用数量	30 000	15 000	
	分配金额	33 888	15 000	48 888
基本生产车间	耗用数量	7 500	3 000	
	分配金额	8 472	3 000	11 472
厂部管理部门	耗用数量	3 000	3 000	
	分配金额	3 390	3 000	6 390

供电车间费用分配率＝45 750÷40 500＝1.129 6 ［元/（千瓦·时）］
锅炉车间费用分配率＝21 000÷21 000＝1（元/立方米）
对于产品生产所耗用的电费及耗用的蒸汽费，按产品的实际生产工时比例进行分配。
电费分配率＝33 888÷(60 000＋30 000)＝0.376 5（元/工时）
甲产品应负担的电费＝60 000×0.376 5＝22 590（元）
乙产品应负担的电费＝33 888－22 590＝11 298（元）
蒸汽费分配率＝15 000÷(60 000＋30 000)＝0.166 7（元/工时）
甲产品应负担的蒸汽费＝60 000×0.166 7＝10 002（元）
乙产品应负担的蒸汽费＝15 000－10 002＝4 998（元）
编制会计分录如下：

借：生产成本——基本生产成本——甲产品　　　　　　　32 592
　　　　　　　　　　　　　　——乙产品　　　　　　　16 296
　　制造费用——基本生产车间　　　　　　　　　　　　11 472
　　管理费用　　　　　　　　　　　　　　　　　　　　 6 390
　贷：生产成本——辅助生产成本——供电车间　　　　　45 750
　　　　　　　　　　　　　　——锅炉车间　　　　　　21 000

⑥ a. 归集制造费用，登记制造费用明细账，如表 4-8 所示。

表 4-8 制造费用明细账

车间名称：基本生产车间　　　　　20××年 4 月　　　　　　　　单位：元

20××年		摘　要	材料费	职工工资	折旧费	水费及其他	电费及蒸汽费	合计
月	日							
4	30	材料费用分配表	15 000					15 000

续表

20××年		摘　　要	材料费	职工工资	折旧费	水费及其他	电费及蒸汽费	合计
月	日							
	30	工资费用分配表		18 000				18 000
	30	折旧费用			45 000			45 000
	30	用银行存款支付费用				22 500		22 500
	30	辅助生产费用分配表					11 472	11 472
	30	合计	15 000	18 000	45 000	22 500	11 472	111 972
	30	转出	15 000	18 000	45 000	22 500	11 472	111 972

b. 根据制造费用明细账及生产产品耗用工时情况，分配制造费用如表4-9所示。

表4-9　制造费用分配表

车间名称：基本生产车间　　　　　　　20××年4月　　　　　　　金额单位：元

应借账户		分配标准（工时）	分配率（元/工时）	应分配金额
总账账户	明细账户			
生产成本——基本生产成本	甲产品	60 000		74 646
	乙产品	30 000		37 326
合　计		90 000	1.244 1	111 972

制造费用分配率=111 972÷（60 000+30 000）≈1.244 1（元/工时）

根据表4-9，编制会计分录如下。

借：基本生产成本——甲产品　　　　　　　　　　　　　　74 646
　　　　　　　　　　——乙产品　　　　　　　　　　　　37 326
　　贷：制造费用——基本生产车间　　　　　　　　　　　111 972

⑦ 根据各项费用分配表、产品产量等资料登记甲、乙产品成本明细账，如表4-10和表4-11所示，并计算完工产品成本和月末在产品成本。

表4-10　基本生产成本明细账

月末在产品数量：600件

产品名称：甲产品　　　　　完工产品数量：1 200件　　　　　金额单位：元

20××年		摘　　要	成本项目				合计
月	日		直接材料	直接人工	制造费用	燃料及动力	
4	1	月初在产品成本	14 000	18 000	12 354		44 354
4	30	本月发生的费用	40 000	72 000	74 646	32 592	219 238
	30	生产费用合计	54 000	90 000	87 000	32 592	263 592
		分配率	30	60	58	21.728	169.728

续表

20××年		摘要	成本项目				合计
月	日		直接材料	直接人工	制造费用	燃料及动力	
	30	结转完工产品成本	36 000	72 000	69 600	26 073.6	203 673.6
	30	月末在产品成本	18 000	18 000	17 400	6 518.4	59 918.4

各项费用分配率的计算如下。

$$直接材料分配率=\frac{54\ 000}{1\ 200+600}=30（元/件）$$

$$直接人工分配率=\frac{90\ 000}{1\ 200+600\times50\%}=60（元/件）$$

$$制造费用分配率=\frac{87\ 000}{1\ 200+600\times50\%}=58（元/件）$$

$$燃料及动力分配率=\frac{32\ 592}{1\ 200+600\times50\%}=21.728（元/件）$$

表 4-11 基本生产成本明细账

产品名称：乙产品　　　　　　完工产品数量：600 件　　　　　　月末在产品数量：0 件

单位：元

20××年		摘要	成本项目				合计
月	日		直接材料	直接人工	制造费用	燃料及动力	
4	1	月初在产品成本	0	0	0	0	0
4	30	本月发生的费用	80 000	36 000	37 326	16 296	169 622
	30	生产费用合计	80 000	36 000	37 326	16 296	169 622
	30	结转完工产品成本	80 000	36 000	37 326	16 296	169 622

⑧根据各产品的基本生产成本明细账，编制完工产品成本汇总表，如表 4-12 所示。

表 4-12 完工产品成本汇总表

金额单位：元

成本项目	甲产品（1 200 件）		乙产品（600 件）	
	总成本	单位成本（元/件）	总成本	单位成本（元/件）
直接材料	36 000	30	80 000	133.33
直接人工	72 000	60	36 000	60
制造费用	69 600	58	37 326	62.21
燃料动力	26 073.6	21.728	16 296	27.16
合　计	203 673.6	169.728	169 622	282.7

根据表 4-12，编制会计分录如下。

借：库存商品——甲产品　　　　　　　　　　　　　　　　　　　203 673.6
　　　　　　——乙产品　　　　　　　　　　　　　　　　　　　169 622
　　贷：生产成本——基本生产成本——甲产品　　　　　　　　　203 673.6
　　　　　　　　　　　　　　　　——乙产品　　　　　　　　　169 622

2. 练习产品成本计算方法——分批法（一）

表 4-16　基本生产成本明细账

批号：601　　　　　　　　　　产品名称：A 产品
开工日期：20××年 6 月 15 日　　完工日期：20××年 8 月 31 日　　　　金额单位：元

20××年		摘　要	直接材料	燃料与动力	直接人工	制造费用	合计
月	日						
8	1	期初在产品成本	125 400	10 800	10 800	9 000	156 000
8	31	本月生产费用	24 600	3 150	6 900	4 350	39 000
	31	费用合计	150 000	13 950	17 700	13 350	195 000
	31	完工产品总成本	150 000	13 950	17 700	13 350	195 000
	31	完工产品单位成本（元/件）	150	13.95	17.7	13.35	195

表 4-17　基本生产成本明细账

批号：702　　　　　　　　　　产品名称：B 产品
开工日期：20××年 7 月 10 日　　完工日期：　　　　　　　　　　　　单位：元

20××年		摘　要	直接材料	燃料与动力	直接人工	制造费用	合计
月	日						
8	1	期初在产品成本	60 000	4 500	6 600	3 900	75 000
8	31	本月生产费用		1 800	7 200	6 000	15 000
8	31	生产费用合计	60 000	6 300	13 800	9 900	90 000

表 4-18　基本生产成本明细账

批号：803　　　　　　　　　　产品名称：C 产品
开工日期：20××年 8 月 12 日　　完工日期：　　　　　　　　　　　　金额单位：元

20××年		摘　要	直接材料	燃料与动力	直接人工	制造费用	合计
月	日						
8	31	本月生产费用	36 000	2 700	4 800	1 500	45 000
	31	费用分配率	12	1.2	2.133 3	0.666 7	
	31	完工产品成本	18 000	1 800	3 199.95	1 000.05	24 000
	31	月末在产品成本	18 000	900	1 600.05	499.95	21 000

编制结转完工产品成本的会计分录如下。

借：库存商品——A产品　　　　　　　　　　　　　　　　　　　195 000
　　　　　　——C产品　　　　　　　　　　　　　　　　　　　 24 000
　　贷：生产成本——基本生产成本——A产品　　　　　　　　　195 000
　　　　　　　　　　　　　　　　——C产品　　　　　　　　　 24 000

3. 练习产品成本计算方法——分批法（二）

表4-20　基本生产成本二级账

（各批产品总成本）　　　　　　　　　　　　　　　金额单位：元

20××年		摘　要	生产工时（工时）	直接材料	直接人工	制造费用	合计
月	日						
5	1	月初在产品成本	50 000	400 000	147 500	122 500	670 000
5	31	本月发生费用	13 200	100 000	42 100	29 812	171 912
	31	合计	63 200	500 000	189 600	152 312	841 912
	31	全部产品累计间接计入费用分配率			3	2.41	
	31	完工产品转出	47 700	340 000	143 100	114 957	598 057
	31	月末在产品成本	15 500	160 000	46 500	37 355	243 855

表中有关数据计算说明如下。

直接人工累计分配率 = $\dfrac{\text{直接人工费用合计}}{\text{累计总工时}}$ = $\dfrac{189\ 600}{63\ 200}$ = 3（元/工时）

制造费用累计分配率 = $\dfrac{\text{制造费用合计}}{\text{累计总工时}}$ = $\dfrac{152\ 312}{63\ 200}$ = 2.41（元/工时）

转出完工产品累计工时 = 20 000+16 000+11 700 = 47 700（工时）

转出完工产品成本为：

直接材料项目 = 200 000+80 000+60 000 = 340 000（元）

直接人工项目 = 3×47 700 = 143 100（元）

制造费用项目 = 2.41×47 700 = 114 957（元）

月末在产品成本 = 累计生产费用-转出完工产品成本

直接材料项目 = 500 000-340 000 = 160 000（元）

直接人工项目 = 189 600-143 100 = 46 500（元）

制造费用项目 = 152 312-114 957 = 37 355（元）

月末在产品累计工时 = 63 200-47 700 = 15 500（工时）

表 4-21 基本生产成本明细账

批号：401　　　　　　　　　　开工日期：1月10日　　　　　　　　批量：50件
产品名称：甲产品　　　　　　　完工日期：5月18日　　　　　　　　金额单位：元

20××年		摘　要	生产工时（工时）	直接材料	直接人工	制造费用	合计
月	日						
5	1	月初在产品成本	17 000	200 000			200 000
5	31	本月发生费用	3 000				
	31	合计	20 000	200 000			
	31	累计间接费用分配率			3	2.41	
	31	转出完工产品成本	20 000	200 000	60 000	48 200	308 200
	31	完工产品单位成本		4 000	1 200	964	6 164

完工产品直接人工费 = 3×20 000 = 60 000（元）
完工产品制造费用 = 2.41×20 000 = 48 200（元）

表 4-22 基本生产成本明细账

批号：402　　　　　　　　　　开工日期：2月15日　　　　　　　　批量：40件
产品名称：乙产品　　　　　　　完工日期：5月23日　　　　　　　　金额单位：元

20××年		摘　要	生产工时（工时）	直接材料	直接人工	制造费用	合计
月	日						
5	1	月初在产品成本	14 000	80 000			80 000
5	31	本月发生费用	2 000				
	31	合计	16 000	80 000			
	31	累计间接费用分配率			3	2.41	
	31	转出完工产品成本	16 000	80 000	48 000	38 560	166 560
	31	完工产品单位成本		2 000	1 200	964	4 164

完工产品直接人工费 = 3×16 000 = 48 000（元）
完工产品制造费用 = 2.41×16 000 = 38 560（元）

表 4-23 基本生产成本明细账

批号：403　　　　　　　　　　开工日期：3月5日　　　　　　　　批量：100件
产品名称：丙产品　　　　　　　本月完工件数：60件　　　　　　　金额单位：元

20××年		摘　要	生产工时（工时）	直接材料	直接人工	制造费用	合计
月	日						
5	1	月初在产品成本	16 000	100 000			100 000
	31	本月发生费用	3 500				

续表

20××年		摘　要	生产工时（工时）	直接材料	直接人工	制造费用	合计
月	日						
	31	合计	19 500	100 000			100 000
	31	累计间接费用分配率			3	2.41	
	31	转出完工产品成本	11 700	60 000	35 100	28 197	123 297
	31	完工产品单位成本		1 000	585	469.95	2 054.95
	31	月末在产品成本	7 800	40 000			

完工 60 件产品直接材料费 $= \dfrac{100\ 000}{100} \times 60 = 60\ 000$（元）

完工 60 件产品消耗工时数 $= \dfrac{19\ 500}{100} \times 60 = 11\ 700$（工时）

完工 60 件产品直接人工费 $= 3 \times 11\ 700 = 35\ 100$（元）

完工 60 件产品制造费用 $= 2.41 \times 11\ 700 = 28\ 197$（元）

表 4-24　基本生产成本明细账

批号：404　　　　　　　　　　　开工日期：4 月 20 日　　　　　　　　批量：10 件
产品名称：丁产品　　　　　　　　完工日期：　　　　　　　　　　　　金额单位：元

20××年		摘　要	生产工时（工时）	直接材料	直接人工	制造费用	合计
月	日						
5	1	月初在产品成本	3 000	20 000			
5	31	本月发生费用	2 500				

表 4-25　基本生产成本明细账

批号：405　　　　　　　　　　　开工日期：5 月 8 日　　　　　　　　　批量：40 件
产品名称：戊产品　　　　　　　　完工日期：　　　　　　　　　　　　金额单位：元

20××年		摘　要	生产工时（工时）	直接材料	直接人工	制造费用	合计
月	日						
5	31	本月发生费用	2 200	100 000			100 000
	31	合计	2 200	100 000			

表 4-26　完工产品成本汇总表

20××年 5 月　　　　　　　　　　　　　　　　　　　　　　　　　　　　单位：元

成本项目	甲产品（产量 50 件）		乙产品（产量 40 件）		丙产品（产量 60 件）	
	总成本	单位成本	总成本	单位成本	总成本	单位成本
直接材料	200 000	4 000	80 000	2 000	60 000	1 000

续表

成本项目	甲产品（产量50件）		乙产品（产量40件）		丙产品（产量60件）	
	总成本	单位成本	总成本	单位成本	总成本	单位成本
直接人工	60 000	1 200	48 000	1 200	35 100	585
制造费用	48 200	964	38 560	964	28 197	469.95
合　计	308 200	6 164	166 560	4 164	123 297	2 054.95

编制结转完工产品成本的会计分录如下。

借：库存商品——甲产品　　　　　　　　　　　　　　308 200
　　　　　　——乙产品　　　　　　　　　　　　　　166 560
　　　　　　——丙产品　　　　　　　　　　　　　　123 297
　　贷：生产成本——基本生产成本——甲产品　　　　308 200
　　　　　　　　　　　　　　　——乙产品　　　　166 560
　　　　　　　　　　　　　　　——丙产品　　　　123 297

4. 练习产品成本计算方法——分步法（一）

表4-28　第一车间基本生产成本明细账

产品名称：甲半成品　　　　　　　　　　　　　　　　　　　　　　　金额单位：元

项　目	直接材料	直接人工	制造费用	合计
月初在产品成本	1 280	600	640	2 520
本月发生费用	10 200	4 392	4 800	19 392
合　计	11 480	4 992	5 440	21 912
完工半成品数量	1 160	1 160	1 160	1 160
月末在产品约当产量	240	120	120	
单位成本（分配率）	8.2	3.9	4.25	16.35
完工半成品成本	9 512	4 524	4 930	18 966
月末在产品成本	1 968	468	510	2 946

表4-29　第二车间基本生产成本明细账

产品名称：乙产成品　　　　　　　　　　　　　　　　　　　　　　　金额单位：元

项　目	半成品	直接人工	制造费用	合计
月初在产品成本	2 594	848	1 272	4 714
本月发生费用	18 966	5 200	7 800	31 966
合　计	21 560	6 048	9 072	36 680
完工产成品数量	1 120	1 120	1 120	1 120
月末在产品约当产量	280	140	140	

续表

项 目	半成品	直接人工	制造费用	合计
单位成本（分配率）	15.4	4.8	7.2	27.4
完工产成品成本	17 248	5 376	8 064	30 688
月末在产品成本	4 312	672	1 008	5 992

第 4-30　乙产品成本还原计算表

金额单位：元

项 目	产量（件）	半成品	直接材料	直接人工	制造费用	合计
还原前产成品成本	1 120	17 248		5 376	8 064	30 688
甲半成品成本			9 512	4 524	4 930	18 966
还原分配率			17 248÷18 966＝0.909 4			
产成品成本中半成品成本还原		-17 248	8 650.21	4 114.13	4 483.66	17 248
还原后产成品总成本			8 650.21	9 490.13	12 547.66	30 688
单位成本（元/件）			7.72	8.47	11.21	27.4

5. 练习产品成本计算方法——分步法（二）

（1）第一步骤成本计算过程如下。

① 直接材料成本。

第一步骤月末广义在产品数量＝60×100%＋90＋120＝270（件）

材料费用分配率＝$\dfrac{11\ 700+46\ 800}{450+270}$＝81.25（元/件）

应计入产成品成本的直接材料费用份额＝81.25×450＝36 562.5（元）

月末广义在产品直接材料费用＝（11 700＋46 800）－36 562.5＝21 937.5（元）

② 直接人工成本。

第一步骤月末广义在产品约当产量＝60×50%＋90＋120＝240（件）

直接人工费用分配率＝$\dfrac{1\ 170+9\ 330}{450+240}$≈15.22（元/件）

应计入产成品成本的直接人工费用份额＝15.22×450＝6 849（元）

月末广义在产品直接人工费用＝（1 170＋9 330）－6 849＝3 651（元）

③ 制造费用成本。

制造费用分配率＝$\dfrac{1\ 305+10\ 455}{450+240}$≈17.04（元/件）

应计入产成品成本的制造费用份额＝17.04×450＝7 668（元）

月末广义在产品的制造费用＝（1 305＋10 455）－7 668＝4 092（元）

④ 应计入产成品的成本份额合计=36 562.5+6 849+7 668=51 079.5（元）

根据以上计算结果，编制第一步骤基本生产成本明细账，如表4-34所示。

表4-34 第一步骤基本生产成本明细账

产品名称：C产品　　　　　　　　　　20××年9月　　　　　　　　　　金额单位：元

项 目	直接材料	直接人工	制造费用	合计
月初在产品成本	11 700	1 170	1 305	14 175
本月生产费用	46 800	9 330	10 455	66 585
合 计	58 500	10 500	11 760	80 760
费用分配率	81.25	15.22	17.04	113.51
本月产成品数量	450	450	450	—
应计入产成品的成本份额	36 562.5	6 849	7 668	51 079.5
月末在产品成本	21 937.5	3 651	4 092	29 680.5

第二步骤成本计算过程如下。

① 直接人工成本。

第二车间月末广义在产品约当产量=90×50%+120=165（件）

直接人工费用分配率=$\dfrac{2\ 400+12\ 480}{450+165}$≈24.20（元/件）

应计入产成品成本的直接人工费份额=24.20×450=10 890（元）

月末广义在产品直接人工费=（2 400+12 480）-10 890=3 990（元）

② 制造费用成本。

制造费用分配率=$\dfrac{2\ 550+13\ 725}{450+165}$≈26.46（元/件）

应计入产成品成本的制造费用份额=26.46×450=11 907（元）

月末广义在产品的制造费用=（2 550+13 725）-11 907=4 368（元）

③ 应计入产成品的成本份额合计=10 890+11 907=22 797（元）

根据以上计算结果，编制第二步骤基本生产成本明细账，如表4-35所示。

表4-35 第二步骤基本生产成本明细账

产品名称：C产品　　　　　　　　　　20××年9月　　　　　　　　　　金额单位：元

项 目	直接材料	直接人工	制造费用	合计
月初在产品成本		2 400	2 550	4 950
本月生产费用		12 480	13 725	26 205
合 计		14 880	16 275	31 155
费用分配率		24.20	26.46	
本月产成品数量		450	450	—

续表

项目	直接材料	直接人工	制造费用	合计
应计入产成品的成本份额		10 890	11 907	22 797
月末在产品成本		3 990	4 368	8 358

第三步骤成本计算过程如下。

① 直接人工成本。

第三步骤月末广义在产品约当产量 = 120×50% = 60（件）

直接人工费用分配率 = $\dfrac{3\,240+15\,120}{450+60}$ = 36（元/件）

应计入产成品成本的直接人工费用份额 = 36×450 = 16 200（元）

月末广义在产品的直接人工费用 = (3 240+15 120) - 16 200 = 2 160（元）

② 制造费用成本。

制造费用分配率 = $\dfrac{3\,690+16\,710}{450+60}$ = 40（元/件）

应计入产成品成本的制造费用份额 = 40×450 = 18 000（元）

月末广义在产品的制造费用 = (3 690+16 710) - 18 000 = 2 400（元）

③ 应计入产成品的成本份额合计 = 16 200+18 000 = 34 200（元）

根据以上计算结果，编制第三步骤基本生产成本明细账，如表4-36所示。

表4-36 第三步骤基本生产成本明细账

产品名称：C产品　　　　20××年9月　　　　金额单位：元

项目	直接材料	直接人工	制造费用	合计
月初在产品成本		3 240	3 690	6 930
本月生产费用		15 120	16 710	31 830
合计		18 360	20 400	38 760
费用分配率		36	40	76
本月产成品数量		450	450	—
应计入产成品的成本份额		16 200	18 000	34 200
月末在产品成本		2 160	2 400	4 560

（2）根据第一、第二、第三步骤基本生产成本明细账，编制产成品成本汇总表，如表4-37所示。

表4-37 产成品成本汇总表

完工产量：450件

产品名称：C产品　　　　20××年9月　　　　金额单位：元

项目	直接材料	直接人工	制造费用	合计
第一步骤计入产成品成本的份额	36 562.5	6 849	7 668	51 079.5

续表

项目	直接材料	直接人工	制造费用	合计
第二步骤计入=产成品成本的份额		10 890	11 907	22 797
第三步骤计入=产成品成本的份额		16 200	18 000	34 200
产成品总成本	36 562.5	33 939	37 575	108 076.5
单位成本（元/件）	81.25	75.42	83.5	240.17

根据表4-37和产品入库单，编制结转本月完工入库产品的会计分录如下。

借：库存商品——C产品　　　　　　　　　　　　　　　　108 076.5
　　贷：生产成本——基本生产成本——第一车间　　　　　 51 079.5
　　　　　　　　　　　　　　　　　——第二车间　　　　　 22 797
　　　　　　　　　　　　　　　　　——第三车间　　　　　 34 200

6. 练习产品成本计算方法——分步法（三）

（1）

表4-38　第一车间基本生产成本明细账

产品名称：A半成品　　　　　　20××年5月　　　　　　金额单位：元

20××年		摘要	产量（件）	直接材料	直接人工	其他直接支出	制造费用	合计
月	日							
5	1	期初在产品成本（定额成本）		8 130	2 790	3 630	1 980	16 530
5	31	本月生产费用		46 500	24 300	29 700	12 900	113 400
	31	生产费用合计		54 630	27 090	33 330	14 880	129 930
	31	完工半成品成本转出	6 000	49 650	25 380	31 107	13 668	119 805
	31	期末在产品成本（定额成本）		4 980	1 710	2 223	1 212	10 125

（2）半成品入库的会计分录如下。

借：自制半成品——A半成品　　　　　　　　　　　　　　119 805
　　贷：生产成本——基本生产成本——A半成品　　　　　 119 805

（3）

表4-39　自制半成品明细账

产品名称：A半成品　　　　　　20××年5月　　　　　　金额单位：元

月初余额		本月增加		合计			本月减少	
数量（件）	实际成本	数量	实际成本	数量	实际成本	单位成本	数量（件）	实际成本
2 400	87 900	6 000	119 805	8 400	207 705	24.73	7 230	178 797.9

（4）借：生产成本——基本生产成本——B产成品　　　　　　　178 797.9
　　　　贷：自制半成品——A半成品　　　　　　　　　　　　　　178 797.9

表4-40　第二车间基本生产成本明细账

产品名称：B产成品　　　　　　　20××年5月　　　　　　　　金额单位：元

20××年		摘　　要	产量（件）	直接材料	直接人工	其他直接支出	制造费用	合计
月	日							
5	1	期初在产品成本（定额成本）		18 600	1 740	2 280	1 470	24 090
5	31	本月生产费用		178 797.9	21 300	30 000	18 900	248 997.9
	31	生产费用合计		197 397.9	23 040	32 280	20 370	273 087.9
	31	完工产品成本转出	3 000	194 247.9	19 938	28 215	17 751	260 151.9
	31	完工产品单位成本		64.75	6.65	9.41	5.92	86.73
	31	期末在产品成本（定额成本）		3 150	3 102	4 065	2 619	12 936

（5）B产成品入库的会计分录如下。

借：库存商品——B产成品　　　　　　　　　　　　　　　　　260 151.9
　　贷：生产成本——基本生产成本——B产成品　　　　　　　　　260 151.9

7．练习综合结转分步法——成本还原

表4-42　产成品成本还原计算表（成本还原分配率法）

产品名称：甲产品　　　　　　　20××年2月　　　　　　　　金额单位：元

行次	项　目	产量（件）	还原分配率	半成品	直接材料	直接人工	制造费用	合计
1	还原前产成品成本	9		3 240		540	360	4 140
2	第二步骤半成品成本			2 400	700	500		3 600
3	第一次成本还原		$\frac{3\,240}{3\,600}=0.9$	2 160	630	450		3 240
4	第一步骤半成品成本			1 200	960	720		2 880
5	第二次成本还原		$\frac{2\,160}{2\,880}=0.75$	900	720	540		2 160
6	还原后产成品总成本				900	1 890	1 350	4 140
7	还原后产成品单位成本				100	210	150	460

表 4-43　产成品成本还原计算表（产品成本项目比重还原法）

产品名称：甲产品　　　　　　　　　　20××年2月　　　　　　　　　　金额单位：元

成本项目	第一步骤 A 半成品		第二步骤 B 半成品		第三步骤 甲产成品			原始成本项目合计	还原后的单位成本
	成本	成本项目比重（%）	成本	成本项目比重（%）	成本	还原成第二步	再还原为第一步		
	①	②	③	④	⑤	⑥=3 240×④	⑦=2 160×②	⑧=⑤+⑥+⑦	⑨=⑧÷产量
B 半成品					3 240	−3 240			
A 半成品			2 400	66.67		2 160	−2 160		
直接材料	1 200	41.67					900	900	100
直接人工	960	33.33	700	19.44	540	630	720	1 890	210
制造费用	720	25	500	13.89	360	450	540	1 350	150
合计	2 880	100	3 600	100	4 140	0	0	4 140	460

项目 5　训练参考答案

1. 练习产品生产成本表的编制与分析

（1）

表 5-2　产品生产成本表（按产品种类反映）

编制单位：　　　　　　　　　　20××年12月　　　　　　　　　　金额单位：元

产品名称	计量单位	实际产量		单位成本			本月总成本			本年累计总成本		
		本月	本年累计	上年实际平均	本年计划	本月实际	本年累计实际平均	按上年实际平均单位成本计算	按本年计划平均单位成本计算	本月实际	按上年实际平均单位成本计算	按本年计划单位成本计算	本年实际
可比产品合计								5 000	4 840	5 040	60 000	58 200	59 100
其中：A	件	100	1 000	20	19	21	19.5	2 000	1 900	2 100	20 000	19 000	19 500
B	件	30	400	100	98	98	99	3 000	2 940	2 940	40 000	39 200	39 600
不可比产品合计								10 000		10 200	150 000		147 000
其中：C	件	200	3 000		50	51	49	10 000		10 200	150 000		147 000
全部产品成本								14 840		15 240	208 200		206 100

补充资料：① 可比产品成本降低额 900 元；② 可比产品成本降低率 1.5%。

（2）

表 5-3　全部产品成本计划完成情况分析表

金额单位：元

产品名称	计划总成本	实际总成本	实际比计划降低额	实际比计划降低率（%）
一、可比产品	58 200	59 100	-900	-1.55
其中：A	19 000	19 500	-500	-2.63
B	39 200	39 600	-400	-1.02
二、不可比产品	150 000	147 000	3 000	2.00
其中：C	150 000	147 000	3 000	2.00
合　计	208 200	206 100	2 100	1.01

成本降低额＝计划总成本－实际总成本＝Σ[实际产量×(计划单位成本－本年累计实际平均单位成本)]＝208 200－206 100＝2 100（元）

成本降低率＝成本降低额÷Σ(实际产量×计划单位成本)×100%＝2 100÷208 200×100%＝1.01%

计算表明，本年累计实际总成本比计划节约 2 100 元，节约比率为 1.01%。其中，可比产品成本实际比计划超支 900 元，超支比率为 1.02%，不可比产品成本实际比计划节约 3 000 元。成本的节约主要是不可比产品的贡献。

（3）

表 5-4　可比产品成本计划降低分析表

金额单位：元

可比产品	全年计划产量（件）	单位成本		总　成　本		计划降低指标	
		上年实际平均	本年计划	按上年实际平均单位成本计算	按本年计划单位成本计算	降低额	降低率（%）
A	900	20	19	18 000	17 100	900	5.00
B	360	100	98	36 000	35 280	720	2.00
合计	—	—	—	54 000	52 380	1 620	3.00

可比产品成本计划降低额＝Σ[计划产量×(上年实际平均单位成本－本年计划单位成本)]＝54 000－52 380＝1 620（元）

可比产品成本计划降低率＝可比产品成本计划降低额÷Σ(计划产量×上年实际平均单位成本)×100%＝1 620÷54 000×100%＝3.00%

表 5-5　可比产品成本实际降低分析表

金额单位：元

可比产品	全年实际产量（件）	单位成本		总成本		实际降低指标	
		上年实际平均	本年累计实际平均	按上年实际平均单位成本计算	按本年累计实际平均单位成本计算	降低额	降低率（%）
A	1 000	20	19.5	20 000	19 500	500	2.50
B	400	100	99	40 000	39 600	400	1.00
合计				60 000	59 100	900	1.50

可比产品成本实际降低额=∑[实际产量×(上年实际平均单位成本-本年累计实际平均单位成本)]=60 000-59 100=900（元）

可比产品成本实际降低率=可比产品成本实际降低额÷∑(实际产量×上年实际平均单位成本)×100%=900÷60 000×100%=1.50%

计划降低额 1 620 元　　　计划降低率 3.00%

实际降低额 900 元　　　　实际降低率 1.50%

实际脱离计划差异如下。

降低额=900-1 620=-720（元）

降低率=1.50%-3.00%=-1.50%

从以上计算中可以看出，可比产品成本降低计划没有完成，实际比计划少降低 720 元，或少降低 1.50%。

2. 练习全部产品成本计划完成情况分析

表 5-7　全部产品成本计划完成情况分析表

金额单位：元

产品名称	计划总成本	实际总成本	实际比计划降低额	实际比计划降低率（%）
一、可比产品	1 050 000	1 006 400	43 600	4.15
其中：A	30 000	32 400	-2 400	-8.00
B	60 000	54 000	6 000	10.00
C	960 000	920 000	40 000	4.17
二、不可比产品	402 800	404 000	-1 200	-0.30
其中：D	98 800	104 000	-5 200	-5.26
E	304 000	300 000	4 000	1.32
合　计	1 452 800	1 410 400	42 400	2.92

成本降低额=计划总成本-实际总成本=∑[实际产量×(计划单位成本-本年实际单位成本)]

成本降低率=成本降低额÷∑(实际产量×计划单位成本)×100%

计算表明，本年累计实际总成本比计划节约 42 400 元，节约比率为 2.92%。其中，可比产品成本实际比计划节约 43 600 元，节约比率为 4.15%，不可比产品成本实际比计划超支 1 200 元，超支比率为 5.26%。成本的节约主要是可比产品的贡献。

3. 练习可比产品成本分析

表 5-9　可比产品成本计划降低分析表

金额单位：元

可比产品	全年计划产量（件）	单位成本		总成本		计划降低指标	
		上年实际平均	本年计划	按上年实际平均单位成本计算	按本年计划单位成本计算	降低额	降低率（%）
A	2 000	1 000	980	2 000 000	1 960 000	40 000	2
B	1 000	1 500	1 600	1 500 000	1 600 000	-100 000	-6.67
C	5 600	3 000	2 900	16 800 000	16 240 000	560 000	3.33
D	7 000	5 900	5 800	41 300 000	40 600 000	700 000	1.69
合计				61 600 000	60 400 000	1 200 000	1.95

可比产品成本计划降低额=Σ[计划产量×(上年实际平均单位成本-本年计划单位成本)]=61 600 000-60 400 000=1 200 000（元）

可比产品成本计划降低率=可比产品成本计划降低额÷Σ(计划产量×上年实际平均单位成本)×100% = 1 200 000÷61 600 000×100%≈1.95%

表 5-10　可比产品成本实际降低分析表

金额单位：元

可比产品	全年实际产量（件）	单位成本		总成本		计划降低指标	
		上年实际平均	本年实际平均	按上年实际平均单位成本计算	按本年实际平均单位成本计算	降低额	降低率（%）
A	2 300	1 000	990	2 300 000	2 277 000	23 000	1.00
B	900	1 500	1 480	1 350 000	1 332 000	18 000	1.33
C	6 000	3 000	2 800	18 000 000	16 800 000	1 200 000	6.67
D	6 900	5 900	5 500	40 710 000	37 950 000	2 760 000	6.78
合计				62 360 000	58 359 000	4 001 000	6.42

可比产品成本实际降低额=Σ[实际产量×(上年实际平均单位成本-本年实际平均单位成本)]=62 360 000-58 359 000=4 001 000（元）

可比产品成本实际降低率=可比产品成本实际降低额÷Σ(实际产量×上年实际平均单位成本)×100% = 4 001 000÷62 360 000×100%≈6.42%

可比产品成本计划完成情况分析如下。

实际超额完成了计划任务，实际比计划多降低=4 001 000-1 200 000=2 801 000（元）

多降低比率=6.42%-1.95%=4.47%

4. 练习单位产品成本分析（一）

直接材料分析如下。

直接材料差异额=2 047-1 890=157（元）

消耗量变动的影响=Σ（实际材料单位耗用量-计划材料单位耗用量）×计划材料单价=（890-900）×2.1=-21（元）

单价变动的影响=Σ（实际单价-计划单价）×实际材料单位耗用量=(2.3-2.1)×890=178（元）

直接材料超支了157元，是由于单位产品材料耗用量的减少，使直接材料节约了21元，材料单价上升，使直接材料超支178元，两者共同作用使直接材料超支157元。成本的超支主要是由于材料价格上升造成的。

5. 练习单位产品成本分析（二）

（1）直接人工的分析。直接人工的变动，主要受劳动生产力和工资水平变动的共同影响。

直接人工差异额=216-198=18（元）

人工效率变动的影响=Σ（实际单位产品耗用工时-计划单位产品耗用工时）×计划小时工资率=(9-9)×22=0（元）

小时工资率变动的影响=Σ（实际小时工资率-计划小时工资率）×实际单位产品耗用工时=(24-22)×9=18（元）

直接人工超支了18元，人工效率不变，未影响直接人工；由于小时工资率的提高，直接人工超支了18元。直接人工的超支主要是小时工资率的提高造成的。

（2）制造费用分析。制造费用的变动，主要受单位产品工时耗用量和每小时制造费用分配率的共同影响。

制造费用差异为=108-99=9（元）

工时耗用量变动的影响=Σ（实际单位产品耗用工时-计划单位产品耗用工时）×计划小时制造费用分配率=(9-9)×11=0（元）

小时制造费用分配率变动的影响=Σ（实际小时制造费用分配率-计划小时制造费用分配率）×实际单位产品耗用工时=(12-11)×9=9（元）

制造费用超支了9元，单位产品耗用工时未发生变化，不影响制造费用，由于制造费用分配率的提高，制造费用超支了9元，制造费用的超支主要是由于制造费用分配率的提高造成的。

6. 练习产品成本分析

（1）

表 5-16 产品生产成本分析表（按成本项目反映）

20××年度　　　　　　　　　　　　　　　　　金额单位：万元

项 目	本年计划	本年实际	实际降低额	实际降低率（%）
原材料	2 800	2 660	140	5
职工薪酬	1 200	1 210	-10	-0.83

续表

项　　目	本年计划	本年实际	实际降低额	实际降低率（%）
制造费用	2 000	1 980	20	1
生产费用合计	6 000	5 850	150	2.5

（2）实际构成比率（保留小数点后两位小数）为：
直接材料成本比率＝2 660÷5 850×100%≈45.47%
直接人工成本比率＝1 210÷5 850×100%≈20.68%
制造费用比率＝1 980÷5 850×100%≈33.85%
计划构成比率为：
直接材料成本比率＝2 800÷6 000×100%≈46.67%
直接人工成本比率＝1 200÷6 000×100%≈20.00%
制造费用比率＝2 000÷6 000×100%≈33.33%
（3）计划销售收入成本率＝6 035÷8 100×100%≈74.51%
实际销售收入成本率＝5 865÷8 300×100%≈70.66%
计划成本利润率＝1 100÷6 035×100%≈18.23%
实际成本利润率＝1 210÷5 865×100%≈20.63%

从上述指标可以看出，销售收入成本率实际比计划有所降低，成本利润率实际比计划有所提高，这表明企业的经济效益比计划有所提高。

7. 练习生产成本报表的编制与分析
（1）

表 5-17　全部产品生产成本表（按产品种类反映）

金额单位：元

产品名称	计量单位	实际产量	单位成本			总成本		
			上年实际平均	本年计划	本年实际	按上年实际单位平均成本计算	按本年计划单位成本平均	本年实际
可比产品合计						86 000	82 200	81 000
A 产品	台	100	300	290	285	30 000	29 000	28 500
B 产品	台	70	800	760	750	56 000	53 200	52 500
不可比产品								
C 产品	台	20		510	560		10 200	11 200
全部产品合计							92 400	92 200

（2）全部产品成本完成计划情况分析。
本年计划总成本 92 400 元，本年实际成本为 92 200 元，实际比计划有所降低，降低额为 200（92 400－92 200）元，降低率为 0.22%（200÷92 400×100%），这表明企业本年超额完成计划。成本计划完成较好的是可比产品，实际成本比计划成本降低 1 200（82 200－81 000）元；

而不可比产品却超支 1 000（11 200-10 200）元，使得全部产品实际仅比计划降低 200 元。

（3）销售收入成本率 = 92 200÷150 000×100% ≈ 61.47%

本年实际销售收入成本率比计划销售收入成本率降低了 3.53（65%-61.47%）个百分点，这表明企业的经济效益较好。

（4）可比产品成本分析。

可比产品成本降低额 = 86 000-81 000 = 5 000（元）

可比产品成本降低率 = 5 000÷86 000 = 5.81%

甲企业本年计划的可比产品成本降低额为 2 000 元，计划降低率为 3%；本年实际超额完成计划，可比产品实际比计划多降低 3 000（5 000-2 000）元，实际比计划多降低 2.81%（5.81%-3.00%）。

项目 6　训练参考答案

（1）库存商品采用进价金额核算法下的销售成本计算。

7 月份销售商品成本 = 100×（1-20%）= 80（万元）

8 月份销售商品成本 = 120×（1-20%）= 96（万元）

编制会计分录如下。

7 月份：

借：主营业务成本　　　　　　　　　　　　　　　　　　　　　　800 000
　　贷：库存商品　　　　　　　　　　　　　　　　　　　　　　　　800 000

8 月份：

借：主营业务成本　　　　　　　　　　　　　　　　　　　　　　960 000
　　贷：库存商品　　　　　　　　　　　　　　　　　　　　　　　　960 000

9 月份销售成本计算：

A 商品结存金额 = 300×900 = 27（万元）

B 商品结存金额 = 200×2 200 = 44（万元）

本季度商品销售成本 = 40+400-27-44 = 369（万元）

9 月份商品销售成本 = 369-80-96 = 193（万元）

编制会计分录如下。

借：主营业务成本　　　　　　　　　　　　　　　　　　　　　1 930 000
　　贷：库存商品　　　　　　　　　　　　　　　　　　　　　　　1 930 000

（2）

表 6-2　商品进销差价计算表

20××年×月　　　　　　　　　　　　　　　　　　　金额单位：元

柜组	月末分摊前"商品进销差价"账户余额（1）	月末"库存商品"账户余额（2）	本月"主营业务收入"账户本月贷方发生额（3）	差价率（4）=（1）÷[（2）+（3）]	已销商品进销差价（5）=（3）×（4）	库存商品结存进销差价（6）=（1）-（5）
服装柜	10 000	35 000	48 000	12.05%	5 784	4 216

续表

柜组	月末分摊前"商品进销差价"账户余额（1）	月末"库存商品"账户余额（2）	本月"主营业务收入"账户本月贷方发生额（3）	差价率（4）=（1）÷[（2）+（3）]	已销商品进销差价（5）=（3）×（4）	库存商品结存进销差价（6）=（1）-（5）
食品柜	45 000	55 000	200 000	17.65%	35 300	9 700
鞋帽柜	12 000	20 000	68 000	13.63%	9 268.4	2 731.6
合计	67 000	110 000	316 000		50 352.4	16 647.6

编制会计分录如下。

借：商品进销差价——服装柜　　　　　　　　　　　　　　5 784
　　　　　　　　——食品柜　　　　　　　　　　　　　　35 300
　　　　　　　　——鞋帽柜　　　　　　　　　　　　　　9 268.4
　　贷：主营业务成本——服装柜　　　　　　　　　　　　5 784
　　　　　　　　　——食品柜　　　　　　　　　　　　　35 300
　　　　　　　　　——鞋帽柜　　　　　　　　　　　　　9 268.4

（3）库存商品应保留进销差价=745 000-452 000=293 000（元）

已销商品应分摊的进销差价=415 000-293 000=122 000（元）

编制会计分录如下。

借：商品进销差价——女装柜　　　　　　　　　　　　　　122 000
　　贷：主营业务成本——女装柜　　　　　　　　　　　　122 000

（4）年末库存商品应保留的进销差价=458 800-397 650=61 150（元）

已销商品进销差价=65 800-61 150=4 650（元）

编制会计分录如下。

借：商品进销差价　　　　　　　　　　　　　　　　　　　4 650
　　贷：主营业务成本　　　　　　　　　　　　　　　　　4 650

（5）综合差价率=[132 000÷（120 000+480 000）]×100%=22%

本期已销售商品应分摊的进销差价=480 000×22%=105 600（元）

根据计算结果编制会计分录如下。

借：商品进销差价　　　　　　　　　　　　　　　　　　　105 600
　　贷：主营业务成本　　　　　　　　　　　　　　　　　105 600

（6）

表6-4　间接费用分配表

20××年×月　　　　　　　　　　　　　　　　　　金额单位：万元

成本核算对象	直接费用	分配率	分配金额
甲地	3 034		60.68
乙地	7 056		141.12
合计	10 090	0.02	201.80

土地开发成本核算过程如表 6-5 所示。

表 6-5　土地开发成本核算表

20××年×月　　　　　　　　　　　　　　　　　　　单位：万元

成本核算对象	直接费用						间接费用	合计
	土地征用费	前期工程费	建安工程费	基础设施费	公共配套设施费	合计		
甲地	3 000	4	—	30	—	3 034	60.68	3 094.68
乙地	7 000	6	—	50	—	7 056	141.12	7 197.12
合计	10 000	10		80		10 090	201.80	10 291.80

（7）提示：从成本计算对象、成本项目、成本计算期、账户设置、核算程序等几方面进行归纳。

综合训练参考答案

训　练　1

（1）根据上述资料，选择产品成本计算方法。

振华制造厂是大批、大量、单步骤生产产品的企业，根据振华制造厂的生产特点和管理要求，应采用品种法计算产品成本。

（2）设置甲、乙产品生产成本明细账，供电车间、锅炉车间辅助生产成本明细账，基本生产车间制造费用明细账，其他总账、明细账从略。

（3）根据甲、乙产品直接消耗材料的比例分配共同用料，编制材料费用分配表，如表综 1-3 所示。

表综 1-3　材料费用分配表

20××年 12 月　　　　　　　　　　　　　　　　　　金额单位：元

应借账户		直接计入	间接计入			合计
总账账户	明细账户		分配标准（直接消耗材料）	分配率	分配额	
生产成本——基本生产成本	甲产品	20 000	20 000	0.5	10 000	30 000
	乙产品	40 000	40 000	0.5	20 000	60 000
	小计	60 000	60 000		30 000	90 000
生产成本——辅助生产成本	供电车间	488				488
	锅炉车间	1 000				1 000
	小计	1 488				1 488

续表

应借账户		直接计入	间接计入			合计
总账账户	明细账户		分配标准（直接消耗材料）	分配率	分配额	
制造费用	基本生产车间	10 000				10 000
管理费用		600				600
合　　计		72 088			30 000	102 088

根据表综 1-3 编制会计分录如下。

借：生产成本——基本生产成本——甲产品——直接材料　　30 000
　　　　　　　　　　　　　　　——乙产品——直接材料　　60 000
　　生产成本——辅助生产成本——供电车间　　488
　　　　　　　　　　　　　　——锅炉车间　　1 000
　　制造费用——基本生产车间　　10 000
　　管理费用　　600
　　贷：原材料　　102 088

（4）根据甲、乙产品的实际生产工时，分配产品生产工人薪酬，编制职工薪酬分配表，如表综 1-4 所示。

表综 1-4　职工薪酬分配表

20××年 12 月　　　　　　　　　　　　　　　　　　　　金额单位：元

应借账户		分配标准（生产工时）	分配率	分配额	合计
总账账户	明细账户				
生产成本——基本生产成本	甲产品	40 000	2.5	100 000	100 000
	乙产品	20 000	2.5	50 000	50 000
	小计	60 000		150 000	150 000
生产成本——辅助生产成本	供电车间			15 000	15 000
	锅炉车间			10 000	10 000
	小计			25 000	25 000
制造费用	基本生产车间			12 000	12 000
管理费用				23 000	23 000
合　　计				210 000	210 000

根据表综 1-4 编制会计分录如下。

借：生产成本——基本生产成本——甲产品——直接人工　　100 000
　　　　　　　　　　　　　　——乙产品——直接人工　　50 000
　　生产成本——辅助生产成本——供电车间　　15 000

　　　　　　　　　——锅炉车间　　　　　　　　　　　　　　　10 000
　　　制造费用——基本生产车间　　　　　　　　　　　　　　12 000
　　　管理费用　　　　　　　　　　　　　　　　　　　　　　23 000
　　　　贷：应付职工薪酬——职工工资　　　　　　　　　　　　　　210 000
（5）根据本月折旧费用情况，编制会计分录如下。
　　借：生产成本——辅助生产成本——供电车间　　　　　　　10 000
　　　　　　　　　　　　　　　　——锅炉车间　　　　　　　 1 000
　　　制造费用——基本生产车间　　　　　　　　　　　　　　30 000
　　　管理费用　　　　　　　　　　　　　　　　　　　　　　 9 000
　　　　贷：累计折旧　　　　　　　　　　　　　　　　　　　　　　50 000
（6）根据本月用银行存款支付费用情况，编制会计分录如下。
　　借：生产成本——辅助生产成本——供电车间　　　　　　　 5 000
　　　　　　　　　　　　　　　　——锅炉车间　　　　　　　 2 000
　　　制造费用——基本生产车间　　　　　　　　　　　　　　15 000
　　　管理费用　　　　　　　　　　　　　　　　　　　　　　 6 000
　　　　贷：银行存款　　　　　　　　　　　　　　　　　　　　　　28 000
（7）归集辅助生产成本明细账如表综 1-5 和表综 1-6 所示，并采用直接分配法编制辅助生产费用分配表（按生产工时分配），如表综 1-7 所示。

表综 1-5　辅助生产成本明细账

车间名称：供电车间　　　　　　　　　　　　　　　　　　　　　　　　　单位：元

| 20××年 | | 凭证号数 | 摘　　要 | 直接材料 | 直接人工 | 折旧费用 | 其他费用 | 合计 | 转出 | 金额 |
月	日									
12	31	略	分配材料费用	488				488		488
	31		分配职工薪酬		15 000			15 000		15 488
	31		分配折旧费用			10 000		10 000		25 488
	31		分配其他费用				5 000	5 000		30 488
	31		分配转出						30 488	
	31		本期发生额合计	488	15 000	10 000	5 000	30 488	30 488	0

表综 1-6　辅助生产成本明细账

车间名称：锅炉车间　　　　　　　　　　　　　　　　　　　　　　　　　单位：元

| 20××年 | | 凭证号数 | 摘　　要 | 直接材料 | 直接人工 | 折旧费用 | 其他费用 | 合计 | 转出 | 金额 |
月	日									
12	31	略	分配材料费用	1 000				1 000		1 000
	31		分配职工薪酬		10 000			10 000		11 000
	31		分配折旧费用			1 000		1 000		12 000
	31		分配其他费用				2 000	2 000		14 000

续表

20××年		凭证号数	摘要	直接材料	直接人工	折旧费用	其他费用	合计	转出	金额
月	日									
	31		分配转出						14 000	
	31		本期发生额合计	1 000	10 000	1 000	2 000	14 000	14 000	0

表综 1-7 辅助生产费用分配表（直接分配法）

20××年12月 金额单位：元

受益部门	供电车间		锅炉车间		合计
	电量（千瓦·时）	金额	蒸汽（立方米）	金额	
待分配费用		30 488		14 000	44 488
供应辅助生产部门以外单位的劳务供应量	37 000		16 000		
分配率		0.824		0.875	
分配金额					
甲产品	20 000	16 480	8 000	7 000	23 480
乙产品	10 000	8 240	4 000	3 500	11 740
合计	30 000	24 720	12 000	10 500	35 220
基本生产车间	5 000	4 120	2 000	1 750	5 870
管理部门	2 000	1 648	2 000	1 750	3 398
合计	37 000	30 488	16 000	14 000	44 488

根据表综 1-7 编制会计分录如下。

借：生产成本——基本生产成本——甲产品——制造费用　　　　23 480
　　　　　　　　　　　　　　　　——乙产品——制造费用　　　　11 740
　　制造费用——基本生产车间　　　　　　　　　　　　　　　　5 870
　　管理费用　　　　　　　　　　　　　　　　　　　　　　　　3 398
　　贷：生产成本——辅助生产成本——供电车间　　　　　　　　30 488
　　　　　　　　　　　　　　　——锅炉车间　　　　　　　　　14 000

（8）归集基本生产车间的制造费用如表综 1-8 所示，编制制造费用分配表（按生产工时分配），如表综 1-9 所示。

表综 1-8 制造费用明细账

车间名称：基本生产车间　　　　　　　　　　　　　　　　　　　　单位：元

20××年		凭证号数	摘要	消耗材料	工资及福利费	折旧费	办公费	供电、供气费	合计
月	日								
12	31	略	分配材料费	10 000					10 000

续表

20××年		凭证号数	摘 要	消耗材料	工资及福利费	折旧费	办公费	供电、供气费	合计
月	日								
	31		分配人工费		12 000				12 000
	31		分配折旧费			30 000			30 000
	31		分配其他费用				15 000		15 000
	31		分配辅助生产费用					5 870	5 870
	31		待分配费用合计	10 000	12 000	30 000	15 000	5 870	72 870
	31		分配转出	10 000	12 000	30 000	15 000	5 870	72 870

表综 1-9 制造费用分配表

20××年 12 月　　　　　　　　　　　　　　　金额单位：元

分配对象	分配标准（生产工时）	分配率	应分配金额
甲产品	40 000		48 580
乙产品	20 000		24 290
合　计	60 000	1.214 5	72 870

根据表综 1-9 编制会计分录如下。

借：生产成本——基本生产成本——甲产品——制造费用　　　48 580
　　　　　　　　　　　　　　　——乙产品——制造费用　　　24 290
　　贷：制造费用——基本生产车间　　　　　　　　　　　　　72 870

（9）登记基本生产成本明细账，如表综 1-10 和表综 1-11 所示，采用约当产量法计算甲产品月末在产品成本，编制甲、乙产品成本计算单和完工产品成本汇总表，如表综 1-12～表综 1-14 所示。

表综 1-10 基本生产成本明细账

产品名称：甲产品　　　　　完工产品数量：800 件　　　　月末在产品数量：400 件
　　　　　　　　　　　　　　　　　　　　　　　　　　　金额单位：元

20××年		凭证号数	摘 要	成本项目			合计
月	日			直接材料	直接人工	制造费用	
12	1		月初在产品成本	9 600	12 000	8 000	29 600
	31	略	分配材料费用	30 000			30 000
	31		分配职工薪酬		100 000		100 000
	31		分配辅助生产费用			23 480	23 480
	31		分配制造费用			48 580	48 580
	31		生产费用合计	39 600	112 000	80 060	231 660

续表

20××年		凭证号数	摘要	成本项目			合计
月	日			直接材料	直接人工	制造费用	
	31		完工产品与在产品约当产量合计	800+400	800+200	800+200	
	31		单位成本	33	112	80.06	225.06
	31		结转完工产品总成本	26 400	89 600	64 048	180 048
	31		期末在产品成本	13 200	22 400	16 012	51 612

表综 1-11 基本生产成本明细账

产品名称：乙产品　　　　完工产品数量：400 件　　　月末在产品数量：0 件　　　单位：元

20××年		凭证号数	摘要	成本项目			合计
月	日			直接材料	直接人工	制造费用	
12	1		月初在产品成本				
	31	略	分配材料费用	60 000			60 000
	31		分配职工薪酬		50 000		50 000
	31		分配辅助生产费用			11 740	11 740
	31		分配制造费用			24 290	24 290
	31		生产费用合计	60 000	50 000	36 030	146 030
	31		结转完工产品总成本	60 000	50 000	36 030	146 030
	31		完工产品单位成本	150	125	90.075	365.075

表综 1-12 产品成本计算单

产品名称：甲产品　　　　完工产品数量：800 件　　　单位：元

20××年		摘要	直接材料	直接人工	制造费用	合计
月	日					
12	1	月初在产品成本	9 600	12 000	8 000	29 600
	31	本月发生生产费用	30 000	100 000	72 060	202 060
	31	合计	39 600	112 000	80 060	231 660
	31	单位产品成本	33	112	80.06	225.06
	31	转出完工产品成本	26 400	89 600	64 048	180 048
	31	期末在产品成本	13 200	22 400	16 012	51 612

表综 1-13　产品成本计算单

产品名称：乙产品　　　　　　　完工产品数量：400 件　　　　　　　金额单位：元

20××年		摘　　要	直接材料	直接人工	制造费用	合计
月	日					
12	1	月初在产品成本	—	—	—	
	31	本月发生生产费用	60 000	50 000	36 030	146 030
	31	合计	60 000	50 000	36 030	146 030
	31	转出完工产品成本	60 000	50 000	36 030	146 030
	31	单位产品成本	150	125	90.075	365.075

表综 1-14　完工产品成本汇总表

20××年 12 月　　　　　　　　　　　　　　　　　金额单位：元

产品名称	产量（件）	直接材料	直接人工	制造费用	成本合计	单位成本
甲产品	800	26 400	89 600	64 048	180 048	225.06
乙产品	400	60 000	50 000	36 030	146 030	365.075
合计		86 400	139 600	100 078	326 078	

编制结转完工甲、乙产品成本的会计分录如下。

　　借：库存商品——甲产品　　　　　　　　　　　　　　　180 048
　　　　　　　　——乙产品　　　　　　　　　　　　　　　146 030
　　　贷：生产成本——基本生产成本——甲产品——直接材料　　26 400
　　　　　　　　　　　　　　　　　——甲产品——直接人工　　89 600
　　　　　　　　　　　　　　　　　——甲产品——制造费用　　64 048
　　　　　　　　　　　　　　　　　——乙产品——直接材料　　60 000
　　　　　　　　　　　　　　　　　——乙产品——直接人工　　50 000
　　　　　　　　　　　　　　　　　——乙产品——制造费用　　36 030

训　练　2

（1）根据上述资料，选择产品成本计算方法。

中兴工厂是大批、大量、多步骤生产的企业，一车间生产的半成品通过半成品库收发，需要计算半成品成本，根据生产工艺特点和管理要求，该企业应采用逐步结转分步法。

（2）根据领料凭证汇总表和其他资料，编制材料费用分配表，如表综 2-10 所示。

表综 2-10 材料费用分配表

20××年9月　　　　　　　　　　　　　　　　　　　　　金额单位：元

应借账户		成本或费用项目	直接计入	间接计入			合计
总账账户	明细账户			分配标准（定额耗用量）	分配率	分配额	
生产成本——基本生产成本	甲半成品	直接材料	250 000	6 000		60 000	310 000
	乙半成品	直接材料	220 000	2 400		24 000	244 000
	小　计		470 000	8 400	10	84 000	554 000
制造费用	一车间	低值易耗品	5 000				5 000
		机物料消耗	4 000				4 000
	二车间	低值易耗品	3 000				3 000
		机物料消耗	2 000				2 000
	机修车间	低值易耗品	4 000				4 000
		机物料消耗	3 000				3 000
	小　计		21 000				21 000
生产成本——辅助生产成本	机修车间	直接材料	60 000				60 000
合　计			551 000			84 000	635 000

根据表综 2-10 编制会计分录如下。

借：生产成本——基本生产成本——甲半成品——直接材料　　310 000
　　　　　　　　　　　　　　　　——乙半成品——直接材料　　244 000
　　生产成本——辅助生产成本——机修车间　　　　　　　　　 60 000
　　制造费用——一车间　　　　　　　　　　　　　　　　　　 4 000
　　　　　　——二车间　　　　　　　　　　　　　　　　　　 2 000
　　　　　　——机修车间　　　　　　　　　　　　　　　　　 3 000
　　周转材料——低值易耗品——在用低值易耗品　　　　　　　12 000
　　贷：原材料——A 材料　　　　　　　　　　　　　　　　　84 000
　　　　　　——B 材料　　　　　　　　　　　　　　　　　 310 000
　　　　　　——C 材料　　　　　　　　　　　　　　　　　 220 000
　　　　　　——燃料和动力　　　　　　　　　　　　　　　　 9 000
　　　　周转材料——低值易耗品——在库低值易耗品　　　　　12 000

（3）根据工资费用资料，编制职工薪酬分配表，如表综 2-11 所示。

表综 2-11　职工薪酬分配表

20××年 9 月　　　　　　　　　　　　　　　　　　　金额单位：元

应借账户		成本或费用项目	分配标准（生产工时）	分配率	分配额
总账账户	明细账户				
生产成本——基本生产成本	甲半成品	直接人工	3 000		36 000
	乙半成品	直接人工	2 000		24 000
	小　计		5 000	12	60 000
	甲产品	直接人工	1 500		18 750
	乙产品	直接人工	2 500		31 250
	小　计		4 000	12.5	50 000
制造费用	一车间	工资及福利费			20 000
	二车间	工资及福利费			10 000
	机修车间	工资及福利费			5 000
	小　计				35 000
生产成本——辅助生产成本	机修车间	直接人工			20 000
管理费用		工资及福利费			20 000
合　计					185 000

根据表综 2-11 编制会计分录如下。

借：生产成本——基本生产成本——甲半成品——直接人工　　　36 000
　　　　　　　　　　　　　　　　——乙半成品——直接人工　　　24 000
　　生产成本——基本生产成本——甲产品——直接人工　　　　　18 750
　　　　　　　　　　　　　　　　——乙产品——直接人工　　　　31 250
　　生产成本——辅助生产成本——机修车间　　　　　　　　　　20 000
　　制造费用——一车间　　　　　　　　　　　　　　　　　　　20 000
　　　　　　——二车间　　　　　　　　　　　　　　　　　　　10 000
　　　　　　——机修车间　　　　　　　　　　　　　　　　　　5 000
　　管理费用　　　　　　　　　　　　　　　　　　　　　　　　20 000
　　贷：应付职工薪酬——工资　　　　　　　　　　　　　　　　185 000

（4）根据有关部门的用电情况，按生产车间各产品的生产工时进行分配，编制电费分配表，如表综 2-12 所示。

表综 2-12　电费分配表

20××年9月　　　　　　　　　　　　　　　　　　　　　金额单位：元

应借账户		成本或费用项目	分配标准（生产工时）	分配率	分配额
总账账户	明细账户				
生产成本——基本生产成本	甲半成品	制造费用	3 000		6 000
	乙半成品	制造费用	2 000		4 000
	小　计		5 000	2	10 000
	甲产品	制造费用	1 500		3 000
	乙产品	制造费用	2 500		5 000
	小　计		4 000	2	8 000
制造费用	一车间	电费			1 000
	二车间	电费			1 000
	机修车间	电费			500
	小　计				2 500
生产成本——辅助生产成本	机修车间	制造费用			5 000
管理费用		电费			2 000
合　计					27 500

根据表综 2-12 编制会计分录如下。

借：生产成本——基本生产成本——甲半成品——制造费用　　　　6 000
　　　　　　　　　　　　　　——乙半成品——制造费用　　　　4 000
　　生产成本——基本生产成本——甲产品——制造费用　　　　　3 000
　　　　　　　　　　　　　　——乙产品——制造费用　　　　　5 000
　　生产成本——辅助生产成本——机修车间——制造费用　　　　5 000
　　制造费用——一车间　　　　　　　　　　　　　　　　　　　1 000
　　　　　——二车间　　　　　　　　　　　　　　　　　　　　1 000
　　　　　——机修车间　　　　　　　　　　　　　　　　　　　 500
　　管理费用　　　　　　　　　　　　　　　　　　　　　　　　2 000
　　贷：应付账款　　　　　　　　　　　　　　　　　　　　　　27 500

（5）根据固定资产资料，编制固定资产折旧分配表，如表综 2-13 所示。

表综 2-13　固定资产折旧分配表

20××年9月　　　　　　　　　　　　　　　　　　　　　　　单位：元

项目	生产车间				行政管理	合计
	一车间	二车间	机修车间	小计		
折旧费	20 000	15 000	20 000	55 000	10 000	65 000

根据表综 2-13 编制会计分录如下。

借：制造费用——一车间　　　　　　　　　　　　　　　　　　　20 000
　　　　　　——二车间　　　　　　　　　　　　　　　　　　　15 000
　　　　　　——机修车间　　　　　　　　　　　　　　　　　　20 000
　　管理费用　　　　　　　　　　　　　　　　　　　　　　　　10 000
　　　贷：累计折旧　　　　　　　　　　　　　　　　　　　　　65 000

（6）根据低值易耗品摊销资料，编制低值易耗品费用分配表，如表综 2-14 所示。

表综 2-14　低值易耗品费用分配表

20××年 9 月　　　　　　　　　　　　　　　　　　　　　　　　单位：元

应借账户			摊销金额
制造费用	一车间	低值易耗品	1 000
	二车间	低值易耗品	600
	机修车间	低值易耗品	800
合　　计			2 400

根据表综 2-14 编制会计分录如下。

借：制造费用——一车间　　　　　　　　　　　　　　　　　　　 1 000
　　　　　　——二车间　　　　　　　　　　　　　　　　　　　　 600
　　　　　　——机修车间　　　　　　　　　　　　　　　　　　　 800
　　　贷：周转材料——低值易耗品——低值易耗品摊销　　　　　　2 400
借：周转材料——低值易耗品——低值易耗品摊销　　　　　　　　　2 400
　　　贷：周转材料——低值易耗品——在用低值易耗品　　　　　　2 400

（7）根据各项费用分配表，登记辅助生产车间制造费用明细账，如表综 2-15 所示。

表综 2-15　辅助生产车间制造费用明细账

车间名称：机修车间　　　　　　　　　　　　　　　　　　　　　单位：元

20××年		凭证号数	摘　要	工资及福利费	机物料消耗	电费	折旧费用	低值易耗品	劳动保护	办公费	其他费用	合计
月	日											
9	30	略	据各项货币支出汇总表						300	400	400	1 100
	30		据材料分配表		3 000							3 000
	30		据职工薪酬分配表	5 000								5 000
	30		据电费分配表			500						500
	30		据折旧费用分配表				20 000					20 000

续表

20××年		凭证号数	摘要	工资及福利费	机物料消耗	电费	折旧费用	低值易耗品	劳动保护	办公费	其他费用	合计
月	日											
	30		低值易耗品费用分配					800				800
	30		分配转出	5 000	3 000	500	20 000	800	300	400	400	30 400
	30		合计									0

（8）根据辅助生产车间制造费用明细账，编制辅助生产车间制造费用分配表，如表综2-16所示。

表综2-16 辅助生产车间制造费用分配表

20××年9月　　　　　　　　　　　　　　　　　　　　　　　单位：元

应借账户	金　额
生产成本——辅助生产成本——机修车间	30 400

根据辅助生产车间制造费用分配表编制会计分录如下：

借：生产成本——辅助生产成本——机修车间　　　　　　　　　30 400
　　贷：制造费用——机修车间　　　　　　　　　　　　　　　　30 400

（9）根据生产费用分配表，登记辅助生产成本明细账，如表综2-17所示。

表综2-17 辅助生产成本明细账

车间名称：机修车间　　　　　　　　　　　　　　　　　　　　单位：元

20××年		凭证号数	摘要	直接材料	直接人工	制造费用	合计	转出	金额
月	日								
9	30	略	分配材料费用	60 000			60 000		60 000
	30		分配职工薪酬		20 000		20 000		80 000
	30		分配电费			5 000	5 000		85 000
	30		分配制造费用			30 400	30 400		115 400
	30		分配转出					115 400	0
	30		本期发生额合计	60 000	20 000	35 400	115 400	115 400	0

（10）根据辅助生产车间生产成本明细账，编制辅助生产车间生产费用分配表，如表综2-18所示。

表综2-18 辅助生产车间生产费用分配表

车间名称：机修车间　　　　　　20××年9月　　　　　　　　金额单位：元

辅助生产部门名称	机修车间	合计
待分配费用	115 400	115 400

续表

辅助生产部门名称			机修车间	合计
供应辅助生产部门以外单位的劳务量			1 000	
费用分配率（单位成本）			115.4	
应借账户	制造费用——一车间	耗用数量	400	
		分配金额	46 160	46 160
	制造费用——二车间	耗用数量	500	
		分配金额	57 700	57 700
	管理费用	耗用数量	100	
		分配金额	11 540	11 540
分配金额合计			115 400	115 400

根据表综 2-18 编制会计分录如下。

借：制造费用——一车间　　　　　　　　　　　　　　　　　46 160
　　　　　　——二车间　　　　　　　　　　　　　　　　　57 700
　　管理费用　　　　　　　　　　　　　　　　　　　　　　11 540
　贷：生产成本——辅助生产成本——机修车间　　　　　　　115 400

（11）根据生产费用分配表，登记一车间制造费用明细账、二车间制造费用明细账，如表综 2-19 和表综 2-20 所示。

表综 2-19　基本生产车间制造费用明细账

车间名称：一车间　　　　　　　　　　　　　　　　　　　　　　　　　单位：元

20××年		凭证号数	摘要	工资及福利费	机物料消耗	电费	折旧费用	低值易耗品	劳动保护	办公费	修理费	其他费用	合计
月	日												
9	30	略	据各项货币支出汇总表						500	700		500	1 700
	30		据材料分配表		4 000								4 000
	30		据职工薪酬分配表	20 000									20 000
	30		据电费分配表			1 000							1 000
	30		据折旧费用分配表				20 000						20 000

续表

20××年		凭证号数	摘要	工资及福利费	机物料消耗	电费	折旧费用	低值易耗品	劳动保护	办公费	修理费	其他费用	合计
月	日												
	30		据低值易耗品费用分配表					1 000					1 000
	30		据辅助生产费用分配表								46 160		46 160
	30		分配转出	20 000	4 000	1 000	20 000	1 000	500	700	46 160	500	93 860
	30		合计										0

表综 2-20　基本生产车间制造费用明细账

车间名称：二车间　　　　　　　　　　　　　　　　　　　　　　　　　　　　　单位：元

20××年		凭证号数	摘要	工资及福利费	机物料消耗	电费	折旧费用	低值易耗品	劳动保护	办公费	修理费	其他费用	合计
月	日												
9	30	略	据各项货币支出汇总表						300	800		300	1 400
	30		据材料分配表		2 000								2 000
	30		据职工薪酬分配表	10 000									10 000
	30		据电费分配表			1 000							1 000
	30		据折旧费用分配表				15 000						15 000
	30		据低值易耗品费用分配表					600					600
	30		据辅助生产费用分配表								57 700		57 700
	30		分配转出	10 000	2 000	1 000	15 000	600	300	800	57 700	300	87 700
	30		合计										0

（12）根据基本生产车间制造费用明细账资料，编制一车间制造费用分配表和二车间制造费用分配表，如表综 2-21 和表综 2-22 所示。

表综 2-21　基本生产车间制造费用分配表

车间名称：一车间　　　　　　　　　20××年9月　　　　　　　　　金额单位：元

应借账户		生产工时（工时）	分配率	金额
生产成本——基本生产成本	甲半成品	3 000		56 316
	乙半成品	2 000		37 544
合　　计		5 000	18.772	93 860

表综 2-22 基本生产车间制造费用分配表

车间名称：二车间　　　　　　　20××年9月　　　　　　　　　　金额单位：元

应借账户		生产工时（工时）	分配率	金额
生产成本——基本生产成本	甲产成品	1 500		32 887.50
	乙产成品	2 500		54 812.50
合　　计		4 000	21.925	87 700.00

根据基本生产车间制造费用分配表编制会计分录如下：

借：生产成本——基本生产成本——甲半成品——制造费用　　56 316
　　　　　　　　　　　　　　　——乙半成品——制造费用　　37 544
　　生产成本——基本生产成本——甲产品——制造费用　　　32 887.50
　　　　　　　　　　　　　　　——乙产品——制造费用　　　54 812.50
　　贷：制造费用——一车间　　　　　　　　　　　　　　　93 860
　　　　　　　　——二车间　　　　　　　　　　　　　　　87 700

（13）根据基本生产车间制造费用分配表，登记产成品明细账，如表综 2-23 和表综 2-24 所示。

表综 2-23 基本生产成本明细账

产品名称：甲半成品　　　　完工产品数量：800 件　　　　月末在产品数量：400 件

金额单位：元

20××年		凭证号数	摘　要	成本项目			合计
月	日			直接材料	直接人工	制造费用	
9	1	略	月初在产品成本	53 420	8 200	11 000	72 620
	30		分配材料费用	310 000			310 000
	30		分配职工薪酬		36 000		36 000
	30		分配电费			6 000	6 000
	30		分配制造费用			56 316	56 316
	30	略	生产费用合计	363 420	44 200	73 316	480 936
			完工产品与在产品约当产量合计	1 200	1 000	1 000	
			单位成本	302.85	44.2	73.316	420.366
	30		结转完工产品总成本	242 280	35 360	58 652.8	336 292.8
	30		期末在产品成本	121 140	8 840	14 663.2	144 643.2

表综 2-24　基本生产成本明细账

产品名称：乙半成品　　　完工产品数量：700 件　　　月末在产品数量：100 件

金额单位：元

20××年		凭证号数	摘要	成本项目			合计
月	日			直接材料	直接人工	制造费用	
9	1		月初在产品成本	76 200	7 500	10 020	93 720
	30	略	分配材料费用	244 000			244 000
	30		分配职工薪酬		24 000		24 000
	30		分配电费			4 000	4 000
	30		分配制造费用			37 544	37 544
	30		生产费用合计	320 200	31 500	51 564	403 264
	30		完工产品与在产品约当产量合计	800	750	750	
	30		单位成本	400.25	42	68.752	511.002
	30		结转完工产品总成本	280 175	29 400	48 126.4	357 701.4
	30		期末在产品成本	40 025	2 100	3 437.6	45 562.6

根据表综 2-23 和表综 2-24 编制结转完工入库产品成本的会计分录如下。

借：自制半成品——甲半成品　　　　　　　　　　　　　336 292.80
　　　　　　　——乙半成品　　　　　　　　　　　　　357 701.40
　　贷：生产成本——基本生产成本——甲半成品　　　　336 292.80
　　　　　　　　　　　　　　　——乙半成品　　　　357 701.40

（14）根据一车间基本生产成本明细账和其他资料，登记自制半成品明细账，如表综 2-25 和表综 2-26 所示。

表综 2-25　自制半成品明细账

产品名称：甲半成品　　　　　　　　　　　　　　　　　　　金额单位：元

20××年		凭证号数	摘要	收入		发出		结余		
月	日			数量	金额	数量	金额	数量	单价	金额
9	1	略	期初结存					400	385	154 000
	30		完工入库	800	336 292.8			1 200	408.577 3	490 292.8
	30		发出			600	245 146.42	600	408.577 3	245 146.38

表综 2-26　自制半成品明细账

产品名称：乙半成品　　　　　　　　　　　　　　　　　　　　　　　　金额单位：元

20××年		凭证号数	摘要	收入		发出		结余		
月	日			数量	金额	数量	金额	数量	单价	金额
9	1	略	期初结存					300	490.81	147 243
	30		完工入库	700	357 701.4			1 000	504.944 4	504 944.4
	30		发出			500	252 472.2	500	504.944 4	252 472.2

根据表综 2-25 和表综 2-26 编制会计分录如下。

借：生产成本——基本生产成本——甲产品——自制半成品　　　245 146.42
　　　　　　　　　　　　　　　——乙产品——自制半成品　　　252 472.20
　　贷：自制半成品——甲半成品　　　　　　　　　　　　　　　245 146.42
　　　　　　　　　——乙半成品　　　　　　　　　　　　　　　252 472.20

（15）根据二车间领用自制半成品资料，登记基本生产成本明细账，如表综 2-27 和表综 2-28 所示，计算二车间产品成本。

表综 2-27　基本生产成本明细账

　　　　　　　　　　　　　　　　　　　　　　　　　　　　　　月末在产品数量：100 件

产品名称：甲产品　　　　　完工产品数量：500 件　　　　　　金额单位：元

20××年		凭证号数	摘　要	成本项目				合计
月	日			直接材料	自制半成品	直接人工	制造费用	
9	1	略	月初在产品成本	—	—	—	—	
	30		领用自制半成品		245 146.42			245 146.42
	30		分配职工薪酬			18 750		18 750
	30		分配电费				3 000	3 000
	30		分配制造费用				32 887.50	32 887.50
	30		生产费用合计		245 146.42	18 750	35 887.50	299 783.92
	30		完工产品与在产品约当产量合计		600	550	550	
	30		单位成本		408.577 4	34.090 9	65.25	507.918 3
	30		结转完工产品总成本		204 288.7	17 045.45	32 625	253 959.15
	30		期末在产品成本		40 857.72	1 704.55	3 262.5	45 824.77

表综 2-28 基本生产成本明细账

产品名称：乙产品　　　　　完工产品数量：300 件　　　　　月末在产品数量：200 件
　　　　　　　　　　　　　　　　　　　　　　　　　　　　　　金额单位：元

20××年		凭证号数	摘要	成本项目				合计
月	日			直接材料	自制半成品	直接人工	制造费用	
9	1	略	月初在产品成本	—	—	—	—	—
	30		领用自制半成品		252 472.2			252 472.2
	30		分配职工薪酬			31 250		31 250
	30		分配电费				5 000	5 000
9	1	略	月初在产品成本	—	—	—	—	—
	30		分配制造费用				54 812.5	54 812.5
	30		生产费用合计		252 472.2	31 250	59 812.5	343 534.7
	30		完工产品与在产品约当产量合计		500	400	400	
	30		单位成本		504.944 4	78.125	149.531 25	732.600 65
	30		结转完工产品总成本		151 483.32	23 437.5	44 859.38	219 780.2
	30		期末在产品成本		100 988.88	7 812.5	14 953.12	123 754.5

根据表综 2-28 编制会计分录如下：

借：库存商品——甲产品　　　　　　　　　　　　　　　253 959.15
　　　　　　——乙产品　　　　　　　　　　　　　　　219 780.20
　贷：生产成本——基本生产成本——甲产品　　　　　　253 959.15
　　　　　　　　　　　　　　——乙产品　　　　　　219 780.20

（16）编制产成品成本还原计算表，如表综 2-29 和表综 2-30 所示。

表综 2-29　产成品成本还原计算表

产品名称：甲产品　　　　　　20××年 9 月　　　　　　金额单位：元

项　目	还原前产成品成本	本月所产半成品成本	产成品成本中半成品成本还原	还原后产成品总成本	还原后产成品单位成本
产量（件）	500				
还原分配率		$\dfrac{204\,288.7}{336\,292.8} \approx$ 0.607 472 7			
自制半成品	204 288.7		−204 288.70		
直接材料		242 280	147 178.49	147 178.49	294.356 98
直接人工	17 045.45	35 360	21 480.23	38 525.68	77.051 36

续表

项目	还原前产成品成本	本月所产半成品成本	产成品成本中半成品成本还原	还原后产成品总成本	还原后产成品单位成本
制造费用	32 625	58 652.8	35 629.98	68 254.98	136.509 96
成本合计	253 959.15	336 292.8	0	253 959.15	507.918 30

表综 2-30 产成品成本还原计算表

产品名称：乙产品　　　　　　　　　　　20××年9月　　　　　　　　　金额单位：元

项目	还原前产成品成本	本月所产半成品成本	产成品成本中半成品成本还原	还原后产成品总成本	还原后产成品单位成本
产量（件）	300				
还原分配率		$\dfrac{151\,483.32}{357\,701.4} \approx 0.423\,490\,99$			
自制半成品	151 483.32		−151 483.32		
直接材料		280 175	118 651.59	118 651.59	395.505 3
直接人工	23 437.5	29 400	12 450.64	35 888.14	119.627 1
制造费用	44 859.38	48 126.4	20 381.09	65 240.47	217.468 2
成本合计	219 780.2	357 701.4	0	219 780.20	732.600 6

训　练　3

根据资料，登记基本生产成本二级账、各批产品基本生产成本明细账如下。

表综 3-2 基本生产成本二级账

金额单位：元

20××年		摘要	生产工时（工时）	直接材料	直接人工	制造费用	合计
月	日						
3	31	累计发生	3 350	7 550	1 725	2 350	11 625
4	30	本月发生	2 900	850	1 400	2 025	4 275
4	30	累计发生数	6 250	8 400	3 125	4 375	15 900
	30	累计间接费用分配率			0.50	0.70	
	30	本月完工产品成本转出	3 650	6 500	1 825	2 555	10 880
	30	完工产品单位成本	2 600	1 900	1 300	1 820	5 020

表综3-3　基本生产成本明细账

批号：101　　　　　　　　　　　投产日期：2月　　　　　　　　　　　批量：10件
产品名称：甲　　　　　　　　　　完工日期：4月　　　　　　　　　　　金额单位：元

20××年		摘　要	生产工时（工时）	直接材料	直接人工	制造费用	合计
月	日						
3	31	累计发生	1 800	3 750			
4	30	本月发生	450	250			
4	30	累计发生数	2 250	4 000			
	30	累计间接费用分配率			0.50	0.70	
	30	完工产品应负担间接费			1 125	1 575	2 700
	30	本月完工产品成本转出	2 250	4 000	1 125	1 575	6 700
	30	完工产品单位成本		400	112.5	157.5	670

表综3-4　基本生产成本明细账

批号：102　　　　　　　　　　　投产日期：3月　　　　　　　　　　　批量：5件
产品名称：乙　　　　　　　　　　完工日期：4月　　　　　　　　　　　金额单位：元

20××年		摘　要	生产工时（工时）	直接材料	直接人工	制造费用	合计
月	日						
3	31	累计发生	590	2 200			
4	30	本月发生	810	300			
4	30	累计发生数	1 400	2 500			
	30	累计间接费用分配率			0.50	0.70	
	30	完工产品应负担间接费			700	980	1 680
	30	本月完工产品成本转出	1 400	2 500	700	980	4 180
	30	完工产品单位成本		500	140	196	836

表综3-5　基本生产成本明细账

批号：103　　　　　　　　　　　投产日期：3月　　　　　　　　　　　批量：4件
产品名称：丙　　　　　　　　　　完工日期：6月　　　　　　　　　　　金额单位：元

20××年		摘　要	生产工时（工时）	直接材料	直接人工	制造费用	合计
月	日						
3	31	累计发生	960	1 600			
4	30	本月发生	1 640	300			

理论模拟试题参考答案

试卷1答案

一、单项选择题

1. A 2. A 3. B 4. C 5. A 6. C 7. C 8. C 9. C 10. A
11. B 12. D 13. D 14. B 15. B 16. B 17. C 18. C 19. C 20. C

二、多项选择题

1. CD 2. ABCD 3. ABC 4. BC 5. BCD 6. AD 7. BDE 8. BDE 9. ABCD
10. ABDE

三、判断题

1. √ 2. × 3. √ 4. × 5. √ 6. × 7. √ 8. √ 9. × 10. √

四、业务题

1. （1）分配原材料时在产品约当产量。

第一道工序投料率 = 480÷(480+240) ≈ 66.67%

第二道工序投料率 = (480+240)÷(480+240) = 100%

约当产量 = 180×66.67+120×100% = 240（件）

分配直接人工和制造费用时在产品约当产量为：

40%×180 +120×80% = 168（件）

(2) 原材料费用分配率 = 550 000÷(760+240) = 550

在产品原材料费用 = 240×550 = 132 000（元）

完工产品原材料费用 = 760×550 = 418 000（元）

(3) 直接人工费用分配率 = 46 400÷(760+168) = 50

在产品直接人工费用 = 168×50 = 8 400（元）

完工产品直接人工费用 = 760×50 = 38 000（元）

(4) 制造费用分配率 = 60 320÷(760+168) = 65

在产品制造费用 = 168×65 = 10 920（元）

完工产品制造费用 = 760×65 = 49 400（元）

(5) 完工产品成本 = 505 400（元）

在产品成本 = 151 320（元）

编制会计分录如下。

借：库存商品——甲产品　　　　　　　　　　　　　　　　　　　　49 400
　　贷：生产成本——基本生产成本——甲产品　　　　　　　　　　49 400

2.

产品成本还原计算表

金额单位：元

项　　目	自制半成品	直接材料	直接工资	制造费用	合计
还原前产成品成本	6 048		2 400	3 700	12 148
本月所产半成品成本		2 600	1 100	1 340	5 040
还原分配率	6 048÷5 040＝1.2				
产成品成本中半成品成本还原	－6 048	3 120	1 320	1 608	0
还原后产成品总成本		3 120	3 720	4 308	12 148

3.（1）年度计划分配率。

甲产品年度计划产量的定额工时＝2 400×4＝9 600（工时）

乙产品年度计划产量的定额工时＝18 000×6＝108 000（工时）

年度计划分配率＝163 200÷（9 600＋108 000）＝0.8

（2）11月份应分配转出的制造费用。

该月甲产品应分配的制造费用＝0.8×1 200×4＝3 840（元）

该月乙产品应分配的制造费用＝0.8×1 000×6＝4 800（元）

该月应分配转出的制造费用＝3 840＋4 800＝8 640（元）

"制造费用"科目11月月末余额＝－150＋9 100－8 640＝310（元）（借方余额）

结转11月份制造费用会计分录如下。

借：基本生产成本——甲产品　　　　　　　　　　　　　　　　　　3 840

　　　　　　　　——乙产品　　　　　　　　　　　　　　　　　　4 800

　　贷：制造费用——基本生产车间　　　　　　　　　　　　　　　8 640

（3）12月份应分配转出的制造费用。

该月甲产品应分配的制造费用＝0.8×900×4＝2 880（元）

该月乙产品应分配的制造费用＝0.8×800×4＝3 840（元）

该月应分配转出的制造费用＝2 880＋3 840＝6 720（元）

编制会计分录如下。

借：生产成本——基本生产成本——甲产品　　　　　　　　　　　2 880

　　　　　　　　　　　　　　——乙产品　　　　　　　　　　　3 840

　　贷：制造费用——基本生产车间　　　　　　　　　　　　　　6 720

调整差额：差额＝310＋6 200－6 720＝－210（元）（贷方差额）

分配率＝210/（900×4＋800×6）＝0.025

甲产品调减制造费用＝3 600×0.025＝90（元）

乙产品调减制造费用＝4 800×0.025＝120（元）

编制会计分录如下。

借：生产成本——基本生产成本——甲产品

　　　　　　　　　　——乙产品　　　　　　　　　　　　　　　　　　　120

　　贷：制造费用——基本生产车间　　　　　　　　　　　　　　　　210

或

12月份分配的制造费用＝310+6 200＝6 510（元）

分配率＝6 510÷（900×4+800×6）＝6 510÷（3 600+4 800）＝0.775

甲产品应分配制造费用＝3 600×0.775＝2 790（元）

乙产品应分配制造费用＝4 800×0.775＝3 720（元）

编制会计分录如下。

借：生产成本——基本生产成本——甲产品　　　　　　　　　2 790

　　　　　　　　　　　　　　　——乙产品　　　　　　　　　3 720

　　贷：制造费用——基本生产车间　　　　　　　　　　　　　6 510

试卷2答案

一、单项选择题

1. C　2. A　3. C　4. B　5. D　6. D　7. C　8. A　9. B　10. C

11. C　12. A　13. A　14. B　15. A　16. C　17. A　18. D　19. B　20. C

二、多项选择题

1. ABC　2. BA　3. ABC　4. ABC　5. AB　6. ACD　7. ABC　8. AD　9. ABD　10. AC

三、判断题

1. ×　2. ×　3. √　4. ×　5. ×　6. √　7. √　8. √　9. √　10. ×

四、业务题

1. 甲产品定额耗用量＝2 550×4＝10 200（千克）

乙产品定额耗用量＝1 000×6＝6 000（千克）

材料消耗量分配率＝17 820÷（10 200+6 000）＝1.1

甲产品应分配材料费用＝10 200×1.1×5＝56 100（元）

乙产品应分配材料费用＝6 000×1.1×5＝33 000（元）

借：生产成本——基本生产成本——甲产品　　　　　　　　　56 100

　　　　　　　　　　　　　　　——乙产品　　　　　　　　　33 000

　　贷：原材料　　　　　　　　　　　　　　　　　　　　　　89 100

2.（1）交互分配。

机修车间费用分配率＝13 900÷4 000＝3.475

供电车间应负担额＝300×3.475＝1 042.5（元）

供电车间费用分配率＝8 900÷35 600＝0.25

机修车间应负担额＝2 200×0.25＝550（元）

编制会计分录如下。

借：生产成本——辅助生产成本——机修车间　　　　　　　　550

　　　　　　　　　　　　　　　——供电车间　　　　　　　1 042.5

　　贷：生产成本——辅助生产成本——供电车间　　　　　　　550

　　　　　　　　　　——机修车间　　　　　　　　　　　　　　　　1 042.5
（2）对外分配。
机修车间实际费用=13 900+550-1 042.5=13 407.5（元）
供电车间实际费用=8 900-550+1 042.5=9 392.5（元）
机修车间费用分配率=13 407.5÷（4 000-300）≈3.623 6
甲产品应负担=1 800×3.623 6=6 522.48（元）
乙产品应负担=1 000×3.623 6=3 623.6（元）
管理部门负担=13 407.5-6 522.4-3 623.6=3 261.42（元）
供电车间费用分配率=9 392.5÷（36 500-2 200）≈0.282 1
甲产品应负担=29 800×0.282 1=8 379.76（元）
乙产品应负担=1 600×0.282 1=449.92（元）
管理部门负担=9 392.5-8 379.76-449.92=562.82（元）
编制会计分录如下。
借：生产成本——基本生产成本——甲　　　　　　　　14 902.24
　　　　　　　　　　　　　　　——乙　　　　　　　　 4 073.52
　　管理费用　　　　　　　　　　　　　　　　　　　　 3 824.24
　　贷：生产成本——辅助生产成本——供电车间　　　　 9 392.5
　　　　　　　　　　　　　　　　——机修车间　　　　13 407.5

3. 各道工序完工率：
第一道工序完工率=（90×50%）÷180=25%
第二道工序完工率=（90+72×50%）÷180=70%
第三道工序完工率=（90+72+18×50%）÷180=95%
各道工序在产品约当产量：
第一道工序在产品约当产量=140×25%=35（件）
第二道工序在产品约当产量=100×70%=70（件）
第三道工序在产品约当产量=60×95%=57（件）
在产品约当产量=35+70+57=162（件）

4.

基本生产成本明细账

产品名称：半成品 A　　　　　　20××年×月　　　　　　金额单位：元

20××年		凭证号数	摘　要	直接材料	直接人工	制造费用	合计
月	日						
			月初在产品成本	10 000	2 200	3 300	15 500
			本期发生费用	78 000	16 000	24 000	118 000
			费用合计	88 000	18 200	27 300	133 500
略	略	略	完工半成品成本（500件）	55 000	14 000	21 000	90 000
			完工半成品单位成本	110	28	42	180
			月末在产品成本	33 000	4 200	6 300	43 500

基本生产成本明细账

产品名称：甲产品　　　　　　　　20××年×月　　　　　　　　金额单位：元

20××年		凭证号数	摘　要	自制半成品	直接人工	制造费用	合计
月	日						
			月初在产品成本	20 580	1 820	2 950	25 350
			本期发生费用	90 000	6 200	13 000	109 200
			费用合计	110 580	8 020	15 950	134 550
略	略	略	完工产品成本（750件）	97 500	7 500	15 000	120 000
			完工产成品单位成本	130	10	20	185
			月末在产品成本（100件）	13 080	520	950	14 550